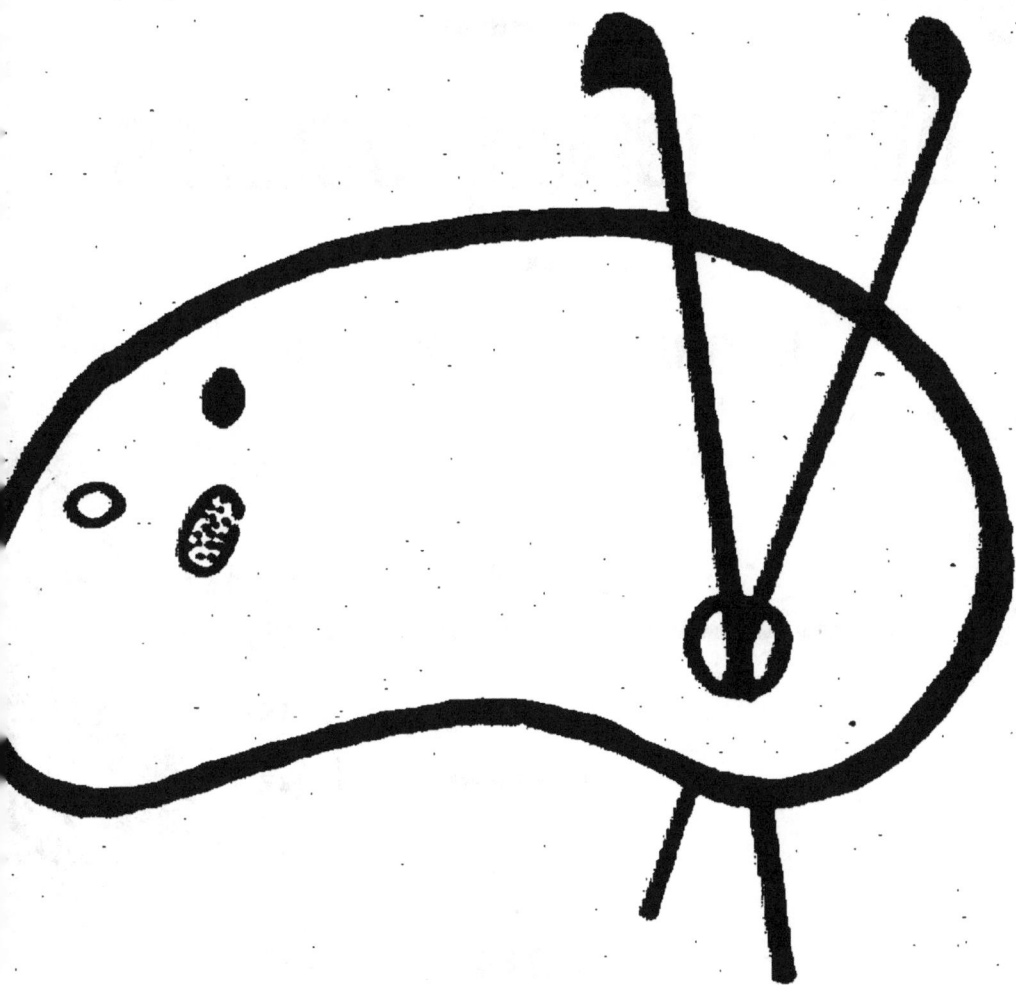

DEBUT D'UNE SERIE DE DOCUMENTS
EN COULEUR

# NOTIONS GÉNÉRALES

## SUR L'HISTOIRE

# DES ANCIENS DUCHÉS

## DE

## LORRAINE ET DE BAR

PAR

## M. CLESSE

MEMBRE DE PLUSIEURS SOCIÉTÉS D'ARCHÉOLOGIE ET D'HISTOIRE

———

## PARIS

### BERGER-LEVRAULT ET Cie, ÉDITEURS

Rue des Beaux-Arts, 5

MÊME MAISON A NANCY

M DCCC LXXXI

# BERGER-LEVRAULT ET Cⁱᵉ, LIBRAIRES-ÉDITEURS

**Les Armoiries de la ville de Nancy.** Origine et description, par C. JAMBOIS, avocat, membre de la Société française d'archéologie. 2ᵉ édition, 1879; jolie plaquette elzévirienne, in-12, avec 1 gravure, papier vélin, broché . . . . . . . . . . . . . . . . . . . . . . . . . **3 fr.**

    Tirage de 10 exemplaires sur papier de Hollande . . . . . . . **4 fr.**

**Monographie du lycée de Nancy**, depuis 1789 jusqu'à nos jours, par l'abbé BLANC, aumônier du lycée, membre de la Société d'archéologie lorraine. 1879; 1 magnifique volume grand in-8, titre rouge et noir, caractères, ornements, initiales en style elzévirien, avec grav. et plan, papier vélin, broché . . . . . . . . . . . . . . . . . . . . . . . **8 fr.**

    Papier de Hollande, 10 exemplaires . . . . . . . . . . . . **20 fr.**
    — de Chine, 3 — . . . . . . . . . . . . **25 fr.**

**La Rusticiade**, ou la Guerre des paysans en Lorraine, par Laurentius PILLAMUS. Poème latin de 1511, texte original et traduction de P. R. DUPROZ. Édition de luxe en 2 volumes, tirée à 150 exemplaires numérotés à la presse, caractères et ornements elzéviriens, papier chamois, 1876; in-12, broché . . . . . . . . . . . . . . . . . . . . . . . . . . **20 fr.**

    *(Il ne reste plus que quelques exemplaires.)*

**Couronne poétique de la Lorraine.** Recueil de morceaux écrits en vers sur des sujets lorrains, par P. G. DE DUMAST, correspondant de l'Institut, l'un des trente-six de l'Académie de Stanislas, etc., 1874; 1 très-beau volume in-8, titre rouge et noir . . . . . . . . . . . . . . . . . . **8 fr.**

**Jacques Callot** (biographie), édition de luxe avec portrait et vignettes, par le même. 1875; in-folio, broché . . . . . . . . . . . . . . . . **4 fr.**

**Aperçu sur l'histoire politique et religieuse de l'Alsace**, depuis les temps les plus reculés jusqu'à nos jours, par J. Éd. SITZMANN. 1876; 1 vol. in-12, broché . . . . . . . . . . . . . . . . . . . . . . . . . **3 fr.**

**L'ancienne Alsace à table.** Étude historique et archéologique sur l'alimentation, les mœurs et les usages épulaires de l'ancienne province d'Alsace, par Charles GÉRARD, avocat à la Cour d'appel de Nancy. 2ᵉ édition, 1877; 1 très-beau volume grand in-8, caractères elzéviriens, avec têtes de chapitres, lettres ornées et culs-de-lampe, titre rouge et noir, papier vélin, broché . . . . . . . . . . . . . . . . . . . . . . . . **8 fr.**

    Papier de Hollande, 50 exemplaires . . . . . . . . . . . . **16 fr.**
    — Whatmann, 15 — . . . . . . . . . . . . **25 fr.**
    — de Chine, 3 — . . . . . . . . . . . . **50 fr.**

**Les Artistes de l'Alsace** pendant le moyen âge, par le même. 1873; 2 forts volumes grand in-8, broché . . . . . . . . . . . . . . . . . **12 fr.**

**Essai d'une faune historique des mammifères sauvages de l'Alsace**, par le même. 1871; 1 fort volume grand in-8, broché . . . . . . . . . **5 fr.**

**Correspondance politique adressée au magistrat de Strasbourg de 1597 à 1683.** Documents inédits et très-intéressants sur la situation politique avant la réunion de Strasbourg à la France (sous presse).

**Revue alsacienne**, organe des intérêts alsaciens et lorrains, — littérature, histoire, sciences, poésies, beaux-arts, — publiée sous la direction de M. Eugène SEINGUERLET. Paraît le 25 de chaque mois.

    Paris . . . . . . . . . . . . . . . . . . . . . . . . . . . . **10 fr.**
    Départements, Alsace-Lorraine et Union postale . . . . . . **12 fr.**

Nancy, imprimerie Berger-Levrault et Cⁱᵉ.

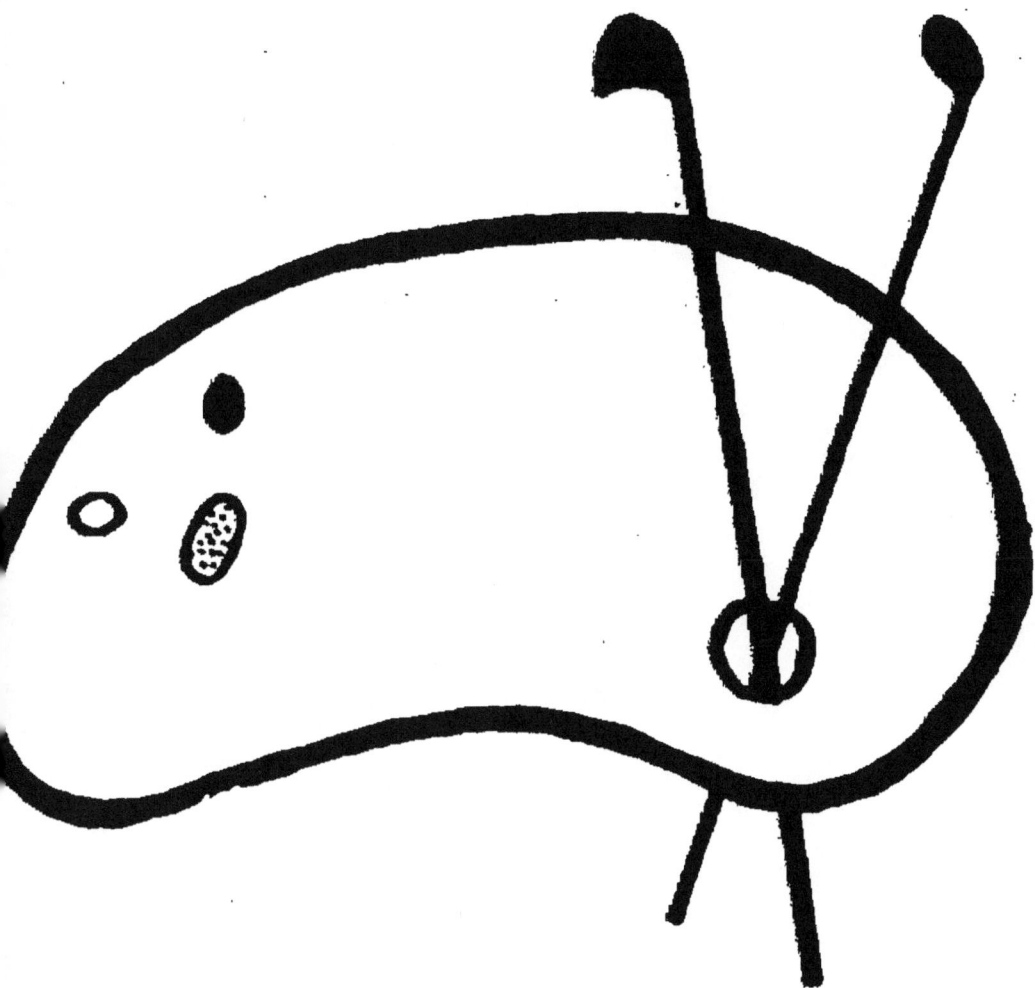

FIN D'UNE SERIE DE DOCUMENTS
EN COULEUR

# HISTOIRE

## DES ANCIENS

# DUCHÉS DE LORRAINE ET DE BAR

## DU MÊME AUTEUR

———

Histoire de l'ancienne Chatellerie et Prévôté de Conflans-en-Jarnisey. 1 volume in-8°. Épuisé.

Les Campagnes au moyen âge et sous l'ancien régime. 1 brochure in-8°.

Le Patois de Fillières. Extrait des *Mémoires de l'Académie de Stanislas*. Brochure in-8°. Berger-Levrault et C<sup>ie</sup>. 1879. (Non mis dans le commerce.)

———

# NOTIONS GÉNÉRALES

## SUR L'HISTOIRE

# DES ANCIENS DUCHÉS

## DE

# LORRAINE ET DE BAR

### PAR

## M. CLESSE

MEMBRE DE PLUSIEURS SOCIÉTÉS D'ARCHÉOLOGIE ET D'HISTOIRE

## PARIS

### BERGER-LEVRAULT ET Cⁱᵉ, ÉDITEURS

Rue des Beaux-Arts, 5

*MÊME MAISON A NANCY*

M DCCC LXXXI

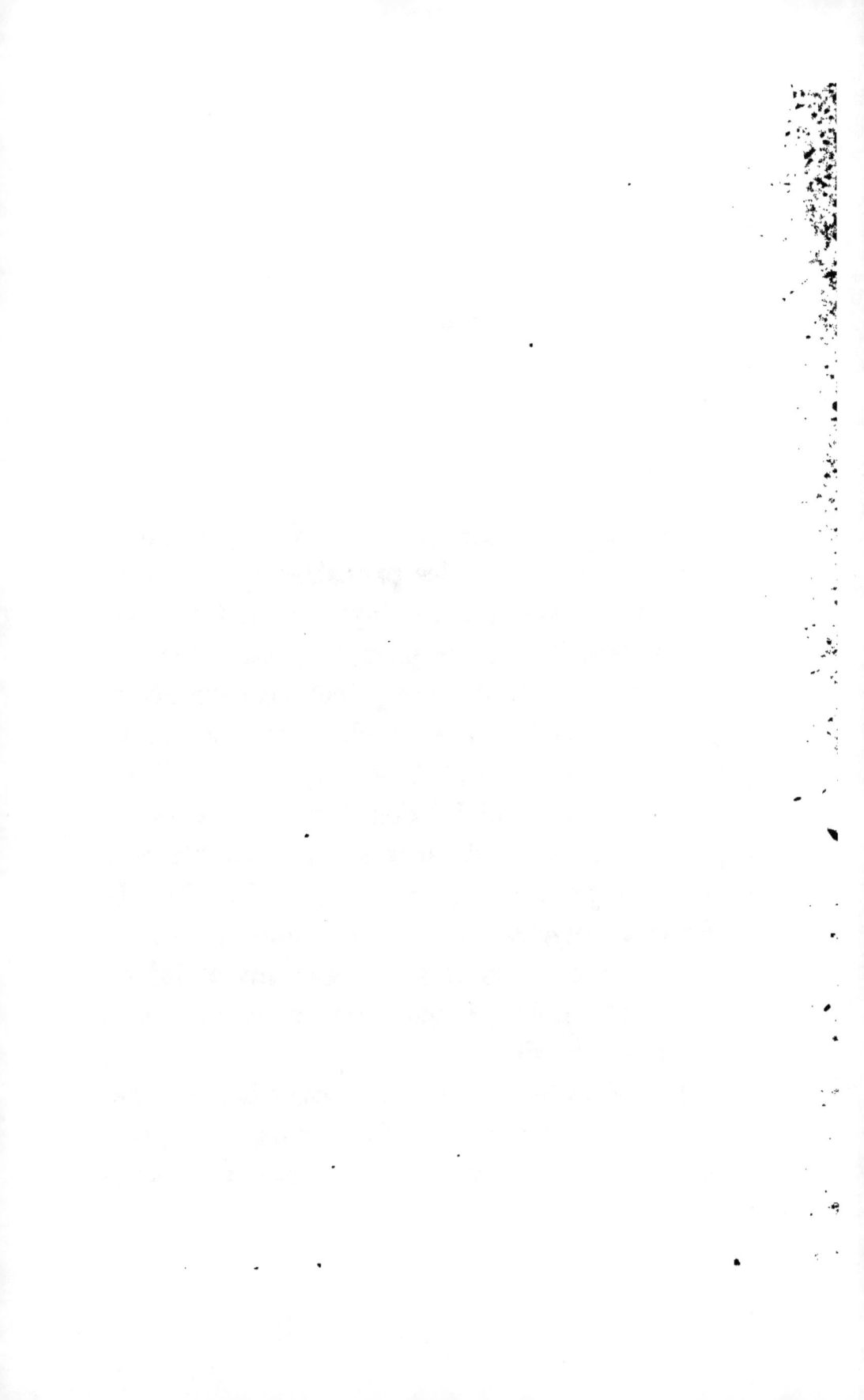

# PRÉFACE

Il n'est pas un enfant qui ne sache aujourd'hui, en sortant de nos écoles primaires, que les premiers habitants de notre pays étaient les Celtes et les Gaulois, que ce pays s'étendait jusqu'au Rhin, dont les Celtes occupaient les deux rives, qu'il fut envahi un demi-siècle environ avant l'ère chrétienne par les Romains, et au Ve siècle, par les Francs, qui lui donnèrent leur nom. La plupart savent également qu'après Clovis, il y eut un royaume d'Austrasie dont Metz était la capitale, qu'après la mort de Louis le Débonnaire, l'empire de Charlemagne fut divisé e trois parts en 843, et que l'une de ces trois parts forma la Lorraine.

Mais c'est tout ce qu'ils savent de la Lorraine. A partir du moment où elle commence à avoir une histoire, il n'en est plus question dans nos écoles ; de sorte que personne pour ainsi dire dans nos campagnes ne sait un mot d'une histoire qui fut la nôtre pendant près de mille ans, et ne saurait dire depuis quand nous sommes Français, ni comment nous le sommes devenus. Et il en est de même de toutes les autres provinces.

Peut-être a-t-il été bon à un moment donné de laisser dans l'oubli les anciennes provinces et leur histoire, afin de rompre avec le passé, et d'imprimer plus vivement dans les esprits le sentiment salutaire de l'unité nationale, mais aujourd'hui que le besoin qui se fait le plus vivement sentir comme la conséquence forcée de nos institutions démocratiques, est celui d'un plus large développement de la vie administrative en province, aujourd'hui que personne, évidemment, n'oserait songer à reconstituer les anciennes divisions provinciales, le moment est venu de reprendre leur histoire, et l'on y revient en effet de toutes parts, soit en raison de l'attrait tout particulier qui s'y attache, surtout pour les enfants de ces anciennes provinces, soit pour y puiser un complément indispensable à l'histoire de la mère-patrie.

Notre intention, toutefois, n'est pas de retracer

les annales détaillées de nos deux duchés : ce travail a été fait assez souvent, surtout pour la Lorraine, et mieux que nous n'aurions pu le faire. Toutes les histoires, du reste, se ressemblent et ont un fond commun de guerres, de pillages et d'incendies, de dévastations et de malheurs pour les peuples, dont le théâtre seul, ainsi que les noms des héros et des victimes, changent suivant les temps et les lieux, et dont le lugubre récit ne laisse dans la mémoire qu'un souvenir pénible et confus. Nous nous sommes donc borné aux grands traits de notre histoire, à ceux qui nous paraissent suffisants pour en donner une idée générale, et qu'il ne nous semble plus permis d'ignorer. Nous n'aurons que trop souvent, malgré cela, l'occasion de mettre le pied sur le terrain sanglant des batailles, mais nous ne le ferons qu'autant qu'elles se rattachent aux grandes lignes dans lesquelles nous voulons nous renfermer; heureux si quelque résultat favorable répond à notre modeste intention.

# NOTIONS GÉNÉRALES

## SUR L'HISTOIRE DES

# ANCIENS DUCHÉS DE LORRAINE ET DE BAR.

—◆—

## CHAPITRE I.

### Origine et formation du duché de Lorraine.
### (843-1048).

————

1<sup>re</sup> Période. — Royaume de Lorraine (843-912).

A la mort de Charlemagne, les différents peuples qu'il avait conquis et que sa main puissante pouvait seule retenir sous un même sceptre, tendirent à se séparer pour reprendre leur indépendance et leur nationalité. Après la bataille de Fontanet (841), où fut défait Lother, qui représentait l'empire et ses prétentions à l'unité, les évêques du royaume se réunirent à Metz, et jetèrent les bases du traité qui fut signé deux ans plus tard, au mois d'août 843, à Verdun, entre eux et les trois fils de Louis le Débonnaire.

Traité de Verdun. (843.)

GLESEN.                                                  1

Il était facile et naturel de faire deux lots distincts de la France et de l'Allemagne, si différentes entre elles d'origine et de génie ; mais le difficile était de trouver une part pour le troisième lot.

On avait bien l'Italie, mais l'Italie ne suffisait pas. On y ajouta une longue bande de terrain empruntée tout entière à la Gaule, et dont l'Allemagne ne fournit aucune partie, s'étendant du Rhin à la Meuse, et de la mer de Provence aux bouches du Rhin et de l'Escaut.

C'est ainsi que la France perdit pour la première fois sa frontière du Rhin.

Ce partage ainsi composé, la France fut attribuée à Charles le Chauve, l'Allemagne à Louis le Germanique, et l'Italie, avec ce démembrement de la France orientale, à Lother, qui conserva le titre d'empereur, avec Rome et Aix-la-Chapelle pour capitales.

En 855, avant de se retirer à l'abbaye de Prüm pour y finir ses jours, Lother partagea à son tour ses États entre ses trois fils, qui trouvèrent encore moyen d'y tailler un empire et deux royaumes.

Louis, l'aîné, eut le titre d'empereur et l'Italie.

Charles, le plus jeune, eut la Provence et la Bourgogne ;

Et Lother, le second, le pays compris entre les Alpes, le Jura, la Meuse, l'Escaut et le Rhin, c'est-à-dire une partie de l'Austrasie, de la Neustrie et de la Bourgogne; de sorte que ne pouvant désigner ces différentes contrées sous une dénomination commune, on leur donna le nom du souverain, et on les appela le royaume de Lorraine, de Lother, *Lotharii regnum*, d'où est venue *Lotharingie* [1], Lorraine.

Royaume de Lorraine.

Lother II continua de prendre Metz pour capitale.

Le malheur voulut qu'il n'eût pas d'enfant légitime pour continuer sa race et consolider, avec le temps, le royaume de Lorraine [2].

Malheureusement aussi, ses deux frères, dont l'un était décédé avant lui, n'avaient également de postérité ni l'un ni l'autre. Il mourut le 8 août 869, frappé, disent les uns, par le jugement de Dieu, empoisonné, selon d'autres, avec une hostie consacrée, et dès lors commença l'ère confuse et douloureuse de ces compétitions sanglantes qui firent de notre pays, pendant près de deux siècles, la proie de la France et de l'Allemagne.

L'héritier naturel de Lother II était l'empereur Louis II, son frère, seul survivant des trois fils de Lother Ier, mais l'empereur n'avait aucun partisan en Lorraine, où personne ne se sentait attiré vers l'Ita-

---

1. Les Allemands disent encore *Lothringen*.

2. Il avait eu de Waldrade, sa célèbre concubine, un fils du nom de *Hugues*, que nous retrouverons plus loin, que l'on appela l'abbé à cause des bénéfices ecclésiastiques dont il fut comblé par son père et par Louis de Germanie, son grand-oncle, et une fille nommée *Ghisla* ou *Gisèle*, que Charles le Gros donna plus tard en mariage à Gottfried ou Godefroid, un des chefs normands.

Royaume
de Lorraine.

lie. Il n'en était pas de même de la France et de l'Allemagne, qui y entretenaient chacune un parti puissant, la France surtout. Le roi Charles le Chauve se mit le premier en campagne. Soutenu par Hincmar, archevêque de Reims, et par les évêques de Metz, Toul, Verdun et Liège, il vint se faire sacrer roi de Lorraine dans la cathédrale de Metz, le 9 septembre 869, et alla prendre possession d'Aix-la-Chapelle qui lui ouvrit ses portes sans résistance.

A défaut de l'héritier légitime, la Lorraine, en effet, devait revenir naturellement à la France, dont elle avait été détachée vingt-six ans auparavant; mais Louis le Germanique ne l'entendait pas ainsi, et voulut en avoir sa part comme son frère de France. Celui-ci, qui était alors tout entier aux fêtes de son mariage avec Richilde, sa seconde femme, sacrifiant les intérêts du pays à ses plaisirs, consentit à partager fraternellement avec le roi de Germanie les cités et les populations lorraines.

Traité
de Meersen.
(870.)

Ce partage, connu sous le nom de traité de Meersen, et signé dans le mois d'août 870, attribuait au roi de France la Franche-Comté, en grande partie, les deux tiers de l'évêché de Liège, tout le Brabant, le Hainaut, le Cambrésis, le comté de Namur, la plus grande partie du Luxembourg sous le nom d'Ardenne, le Barrois, Saint-Mihiel et Verdun, les deux comtés de Woëvre, avec Briey et Conflans, le pagus d'Ornois, qui avait été possédé par Tetsnarus, Arlon, Chiny, Mouzon, Montmédy, Thionville, etc.

Metz, Trèves, Strasbourg, Cologne, Aix-la-Chapelle, le comté ou duché de Mosellane, le pagus d'Ornois, tel que l'avait possédé le comte Bernard, passèrent à l'Allemagne, qui étendit ainsi pour la première fois sa domination de ce côté-ci du Rhin. Le pape lança toutes les foudres de l'Église contre cette spoliation, mais elles glissèrent sur les deux monarques, sinon sans les émouvoir, du moins sans les ébranler.

Louis le Germanique finit cependant par rendre sa part à l'empereur Louis II, son neveu; mais il est vrai que Louis II alors n'était plus seulement son neveu, il était devenu son gendre, en épousant sa fille Ingelberge, et l'on peut supposer, sans faire tort au désintéressement du monarque allemand, qu'en remettant cette part d'héritage à son gendre, il pensait bien la transmettre d'avance à ses propres descendants. L'événement trompa son attente.

Louis II mourut sans enfant, le 13 août 875, et aussitôt ses deux oncles se précipitèrent sur ses États pour s'en emparer. Charles le Chauve se porta sur l'Italie qu'il soumit facilement à sa puissance, malgré les efforts de Karloman et de Charles le Gros, que Louis le Germanique, leur père, avait successivement dépêchés contre lui, pendant que lui-même, qui avait également convoité la couronne impériale pour son compte personnel, pénétrait en Lorraine pour ressaisir la part qu'il avait cédée à son gendre, et envahir la partie française, qu'il livra au pillage de ses Allemands. Charles le Chauve se fait sacrer empereur par le pape, le 25 décembre 875, quitte l'Italie, accourt au secours de ses braves Lorrains, et repousse les envahisseurs jusqu'à la frontière de la Lorraine allemande, dont les sentiments lui sont trop connus pour qu'il songe à imiter l'exemple de son frère et à exercer la moindre représaille contre elle.

L'année suivante, Louis le Germanique étant mort à Francfort (le 28 août 876), la Lorraine allemande, toujours impatiente de secouer le joug de l'étranger, auquel elle ne pouvait s'habituer, appela à elle le roi de France, non moins désireux, de son côté, de reporter jusqu'au Rhin les frontières de la France, dont il avait vu le déchirement. Charles le Chauve s'empressa donc de répondre à un appel qui lui convenait si bien, et marcha rapidement sur Metz, Aix-la-Chapelle et Cologne, qui n'attendaient que sa présence pour se livrer à la France.

Et ce qui prouve bien qu'il avait pour lui, non seulement le vœu des populations, qui ne comptait guère à cette époque, mais encore la plus haute autorité morale du temps, c'est que le pape l'avait fait accompagner par ses légats dans cette prise de possession. Aussi l'armée française avançait-elle avec imprévoyance et sans ordre, comme dans un pays ami, lorsqu'après une longue marche à travers des chemins défoncés, épuisée de fatigues et battue par une pluie torrentielle, elle rencontra devant elle l'armée allemande, que le nouveau souverain de cette partie de la Lorraine, Louis de Saxe, dit le Jeune, troisième fils de Louis le Germanique, avait assemblée à la hâte et amenée au secours de la province comprise dans son héritage. Le choc eut lieu à Andernach, le 8 octobre 876, et les Français surpris à l'improviste, vaincus d'avance par les éléments, subirent une défaite complète, dont l'effet fut de rendre la Lorraine allemande aux Allemands, mais ils ne purent ou n'osèrent en tirer d'autre avantage. Chacun des deux monarques conserva sa part et se retira dans ses États; Charles le Chauve pour aller traiter avec les Normands et mettre un terme momentané à leurs ravages, et Louis II pour faire face aux embarras intérieurs dont il était assailli.

Tranquille du côté des Normands, déçu du côté de la Lorraine, Charles le Chauve voulut du moins consolider l'empire qu'il avait conquis en Italie. C'est à cette occasion, comme on le sait, et en vue de s'assurer la fidélité de plus en plus douteuse des grands, qu'il consacra la féodalité en leur faveur par le célèbre capitulaire de Kiersi. Il mourut en revenant de cette expédition, au pied du Mont-Cenis, au mois d'octobre 877, involontairement empoisonné par son

médecin Sédécias, et avec le regret de n'avoir pu
réaliser aucun des deux grands projets qui avaient
occupé toute sa vie: la restauration de l'unité de
l'empire et la réintégration de la France dans ses
anciennes frontières du Rhin.

Louis le Bègue, son fils, lui succéda et signa en
879 un traité avec Louis de Saxe, confirmant la division de la Lorraine entre la France et l'Allemagne, telle qu'elle existait depuis le partage de 870.
Aux termes de ce nouveau traité, le roi de Germanie s'engageait sur l'honneur à ne rien entreprendre
contre les droits du roi de France, et à respecter ceux
de son fils. Cette clause fait supposer que Louis le
Bègue prévoyait sa fin prochaine, et, en effet, il mourut la même année; et aussitôt le monarque allemand, sans souci de la foi jurée, se disposa à
dépouiller son jeune parent, non seulement de sa
part héréditaire dans la Lorraine, mais même de
son royaume de France. Plusieurs grands seigneurs,
comme il y en avait alors, n'ayant d'autre patriotisme que leur intérêt personnel, n'avaient pas craint
de trafiquer de leur pays et de l'offrir à l'étranger.
Louis de Germanie accepta avec empressement cette
offre coupable, et se mit immédiatement en campagne, passant par Metz et Verdun, et « traînant à sa
« suite une armée très nombreuse, telle qu'il la fallait
« pour une aussi grande expédition; elle eut peine
« à subsister dans le Verdunois, désolé par plusieurs

« famines successives, de sorte que ses soldats se li-
« vrèrent au pillage, sous prétexte qu'ils ne trou-
« vaient point de vivres à un prix raisonnable, et il
« se commit chez nous des excès tels que les annales
« carlovingiennes les comparent aux ravages des
« Normands [1]. »

Le roi de Germanie s'attendait bien, en effet, à rencontrer en France une longue et sérieuse résistance.
Aussi, lorsque les seigneurs français, qui étaient
pour la plupart restés fidèles à leur devoir et à leur
roi, vinrent lui offrir la Lorraine française, disposant
ainsi de ce qui ne leur appartenait pas, à condition
qu'il s'éloignerait avec son armée, s'empressa-t-il
d'accepter une proposition si avantageuse qui, pour
prix de sa félonie, lui livrait une province sur laquelle l'Allemagne n'avait jamais osé jusqu'alors ma-
nifester de prétentions.

Ce pacte impie avait jeté en Lorraine une légitime et profonde indignation, sur laquelle crut pouvoir s'appuyer un prétendant qui, déjà plus d'une
fois, avait revendiqué ce royaume, comme héritier de
Lother II, dont il était le bâtard et dont il se disait
l'héritier légitime, Hugues de Lorraine, dont nous
avons déjà cité le nom. Malheureusement pour lui,
la papauté ne pouvait autoriser les projets de ce prétendant, dont elle avait si solennellement condamné

---

1. L'abbé CLOUET, *Hist. de Verdun*, I, p. 278.

le père et la mère pour cause d'adultère et de concubinage. Déjà, au concile de Troyes, en 878, elle avait excommunié Hugues et tous ses partisans.

Attribuant cette sentence aux instigations de l'évêque de Verdun, Bérard, le bâtard de Lorraine manifesta une vive irritation contre ce prélat, qui pour se mettre en sûreté « demanda secours au roi de « Germanie, malgré la conduite odieuse que ses « troupes avaient récemment tenue en cette ville[1]. »

Il en résulta que dès les premiers jours, Hugues vit les chances tourner contre lui, et comme la faiblesse n'attire guère les alliances, ceux mêmes des seigneurs lorrains qui ne pouvaient voir sans regret leur chère Lorraine aux mains des Allemands, se bornaient à faire des vœux pour lui, sans oser l'aider de leur appui. Il se trouva donc réduit à ses propres forces, et ces forces ne se composaient guère que de ces aventuriers qui couraient alors le pays en bandes, et qui ne cherchaient dans le métier des armes qu'un prétexte pour piller et ravager.

Refoulé dans un château fort aux environs de Verdun, il soutint bravement le choc des Allemands et se défendit jusqu'à la dernière extrémité, mais succombant enfin sous le nombre, et obligé de chercher son salut dans la fuite, il parvint à s'échapper avec une partie des siens, qu'il conduisit aux Normands.

---

1. L'abbé CLOUET, *Hist. de Verdun,* I, p. 271.

« Les Allemands rasèrent la forteresse des brigands,
« mais non moins féroces que leurs ennemis, ils se
« firent un jeu barbare d'en scalper plusieurs en
« leur enlevant la peau du crâne [1]. »

Sans porter un intérêt exagéré à ce prétendant, il
est permis de ne pas partager sans réserve le jugement sévère que la plupart des historiens ont porté
sur lui. Ses soldats ont commis des actes de cruauté
et de brigandage, qui donc alors n'en commettait
pas ? Les Allemands étaient-ils plus humains ? Étant
illégitime, il n'avait, dit-on, aucun droit à l'héritage
paternel. Pourquoi donc alors l'avait-on comblé d'abbayes ? et où était le droit à cette époque, si ce n'est
dans la force.

Tous les bâtards couronnés dont l'ère va s'ouvrir
après lui, étaient-ils donc moins illégitimes ? Les
seigneurs français qui livraient la Lorraine au roi
de Germanie, y avaient-ils plus de droits que lui ?
Non, son tort fut d'être le plus faible, son crime,
d'avoir été vaincu, et ce fut peut-être un malheur
pour notre pays.

Cependant les descendants de Charlemagne subissaient les mêmes destinées que ceux de Clovis. En
France, notamment, on les voyait s'éteindre dans le
mouvement national qui commençait à réagir contre
l'invasion germanique, et tomber sous les coups de

---

1. L'abbé Clouet, I, p. 278.

la fatalité attachée à leur perte. « En quelques an-
« nées, de 876 à 884, huit rois succombèrent[1], et il
« ne resta plus d'une race naguère si nombreuse et si
« active qu'un enfant posthume, Charles, appelé plus
« tard le Simple, et un prince aussi lent d'esprit que
« de corps[2], » Charles le Gros, fils de Louis le Germanique.

Ce dernier, qui avait survécu à ses deux frères, et
qui avait hérité, à la mort de l'un, de l'Italie avec le
titre d'empereur, et à la mort de l'autre, de la Saxe,
fut élu roi de France au préjudice de Charles le
Simple, qui n'avait alors que cinq ans, et dont les
droits furent sacrifiés au besoin de confier à un chef
puissant le soin de protéger le pays contre les ravages des Normands. Ce chef, les seigneurs français
avaient cru le trouver dans l'empereur allemand,
mais ce monarque d'occasion, sur la tête duquel une
dérision de la fortune allait accumuler toutes les
couronnes de Charlemagne, ne répondit à leur attente
que par la lâcheté la plus insigne. Au lieu de combattre les Normands, il traita avec leurs chefs, Sigefroid et Godefroid, livrant au premier 20,800 livres
d'argent, au second la Frise avec la main de Gisèle,
sœur de Hugues, et à ce dernier les revenus de l'é-

1. L'empereur Louis II, fils de Lother, Louis le Germanique et deux de
ses fils : Karloman de Bavière et Louis de Saxe, Charles le Chauve et son
fils Louis le Bègue, enfin Louis III et Karloman, fils de Louis le Bègue.
2. Ludovic DRAPEYRON, Essai sur la séparation de la France et de l'Allemagne aux IX° et X° siècles.

vêché de Metz[1]. Aussi fut-il déposé à la diète de Tribur en 887, et remplacé en Allemagne par le comte Arnolf, bâtard de Karloman de Bavière, qui s'était signalé au contraire contre les Normands, et en France, en 888, par le comte Eudes, qui avait vaillamment et heureusement défendu Paris contre eux. La défection fut si générale autour de cet empereur, qui avait recueilli autant de mépris que de grandeurs, qu'il se vit réduit à implorer de son neveu, qui le remplaçait sur le trône, quelques moyens de subsistance, et s'en alla mourir de misère et de honte dans un village de la Souabe.

Élevé au trône impérial en 896, Arnolf voulut relever celui de Lorraine et le donner à son bâtard Zwentibold; mais ce choix rencontra les plus vives résistances, et ce ne fut qu'au bout d'un an de négociations, et grâce à l'influence et au crédit de Ragner ou Régnier au long Cou, comte de Hainaut, qu'il parvint à l'imposer à la Lorraine. Encore la soumission ne fut-elle pas complète; plusieurs seigneurs lorrains vinrent en France offrir de leur côté la couronne de Lorraine à Charles le Simple, qui se rendit à leur désir, les suivit et s'empara, sans rencontrer aucune résistance, d'Aix-la-Chapelle, de Ni-

---

1. Quelque temps après, Charles le Gros, qui ne savait employer contre ses ennemis que des moyens honteux, attira dans un guet-apens Godefroid, qu'il fit assassiner, et le bâtard de Lorraine, auquel il fit crever les yeux, et qui alla terminer sa carrière aventureuse et malheureuse dans l'abbaye de Prüm, après y avoir pris l'habit religieux.

mègue et de l'abbaye de Prûm. A la tête des seigneurs les plus dévoués à la France se faisaient remarquer Étienne, Gérard et Mantfried, de la famille des comtes d'Ardenne. Zwentibold courut à la rencontre de Charles le Simple, mais pour traiter avec lui, réservant toutes ses forces contre ces trois seigneurs, dont il brûlait de tirer vengeance, et traitant nos provinces, sur son passage, avec toutes les rigueurs de la colère et de la haine nationale. Il rencontra les comtes d'Ardenne sur les bords de la Meuse, le 13 août de l'an 900, fondit sur eux avec une aveugle impétuosité, et se fit tuer au milieu de la mêlée.

Cet événement fit rentrer Charles le Simple en possession d'une partie de la Lorraine, et à la mort de Louis l'Enfant, enlevé en 911, à l'âge de dix-sept ans, il la recouvra tout entière. Cet enfant était le dernier représentant direct de la race carlovingienne en Allemagne, et le roi de France, comme unique survivant du sang de Charlemagne, était le seul héritier légitime de ses couronnes d'Allemagne et de Lorraine. Mais la France et l'Allemagne étaient déjà séparées par une trop grande diversité de génie, de mœurs et de langage, pour pouvoir vivre sous un seul sceptre. Les seigneurs allemands, usant pour la première fois du droit d'élection, choisirent pour roi Conrad de Franconie, et la Lorraine resta à la France. Charles le Simple vint en recevoir la couronne à Metz en 912, et en conféra le gouvernement à Régnier au long Cou, qui s'était déclaré pour lui et qui en devint le premier duc bénéficiaire.

———

### 2ᵉ Période. — La Lorraine gouvernée par des ducs bénéficiaires (911-959).

Régnier au long Cou, dont le nom remplit l'histoire de la Lorraine à la fin du xᵉ siècle, était comte bénéficiaire du Hainaut, d'Arnau et de Bouillon ; il avait hérité, à la mort de son frère Odoacre, du comté d'Ardenne, qu'il rendit héréditaire dans sa famille. C'est de lui que sont sorties, au dire de la plupart des généalogistes, presque toutes les familles souveraines du Barrois, du Luxembourg, de Namur, de Briey et des pays voisins. Avec le duché de Lorraine, Charles le Simple lui avait donné les villes de Metz et de Verdun, pour en faire des places de guerre. Tant qu'il vécut, la Lorraine fut heureuse et paisible sous son gouvernement et sous la domination française. Malheureusement, la mort vint l'enlever trop tôt pour la Lorraine et pour la France. Il mourut au château de Moersen en 916. On dit que le roi de France, qui avait voulu assister aux funérailles de son puissant et fidèle vassal, s'écria les yeux pleins de larmes, comme par un pressentiment de sa pro-

La Lorraine gouvernée par des ducs bénéficiaires.

Régnier au long Cou, institué duc de Lorraine par Charles le Simple.

a Lorraine
gouvernée
ar des ducs
éuédéiaires.

Giselbert
nstitué duc
e Lorraine
par Charles
le Simple.

pre destinée, en le voyant descendre au tombeau :
« Oh ! comme la grandeur s'abaisse, comme l'espace
se resserre ! »

Le duc Régnier laissait un fils du nom de Giselbert, que Charles le Simple investit du gouvernement de la Lorraine, qui se mit à le trahir dès le
premier jour, et qui épuisa sa vie entière à passer
alternativement de la France à l'Allemagne et de
l'Allemagne à la France, au gré de ses rancunes et
de son ambition, entraînant avec lui les seigneurs
soumis à son autorité ou liés à sa fortune, et jetant
ainsi une telle confusion parmi les populations lorraines qu'il leur arrivait parfois de ne plus savoir à
quelle puissance elles appartenaient. Giselbert était
un de ces scélérats puissants, dit M. Digot, comme le
x⁰ siècle n'en vit que trop, comme Herbert de Vermandois, Arnould le Mauvais, duc de Bavière, et
Thiébaut le Tricheur, duc de Chartres. Ces hommes
étaient assez communs, il faut le dire, dans ces
temps de troubles et d'ignorance, où le monde était
livré à la force et à la violence, et où la religion
et la morale n'avaient pas encore éclairé les cons-
ciences. Comme tant d'autres, Giselbert voulut se
rendre indépendant, et posséder la Lorraine à titre
héréditaire. Charles le Simple fut obligé de lui en
retirer le gouvernement moins d'un an après l'en
avoir investi.

Rentré en grâce deux ans après, il reconnut la gé-

La Lorraine gouvernée par des ducs héréditaires.

nérosité de son bienfaiteur en s'associant contre lui à toutes les agitations du parti national français contre la dynastie carlovingienne, et qui eurent pour résultat de renverser une seconde fois Charles le Simple du trône, pour y faire monter le comte Robert. Refoulé en Lorraine, avec la petite armée de partisans lorrains qui lui étaient restés fidèles, Charles le Simple n'eut plus d'autre ressource que d'invoquer l'appui du roi de Germanie, Henri l'Oiseleur ; mais Robert l'avait prévenu auprès du monarque allemand, et l'avait facilement gagné à sa cause en lui offrant la Lorraine ; Giselbert, de son côté, se déclara immédiatement et résolument pour le plus fort. Charles le Simple, cependant, essaya de faire face aux dangers qui le menaçaient des deux côtés. mais repoussé par Henri l'Oiseleur, qui s'empara de Metz malgré la longue et vive résistance de cette ville, dont l'évêque Vigeric avait refusé de reconnaître l'autorité allemande, et battu à Soissons par Raoul, son compétiteur au trône de France, l'infortuné monarque, chassé de ses États, se vit réduit à se réfugier auprès du roi de Germanie, à qui il aurait cédé à son tour, dit-on, tous ses droits sur la Lorraine. Telle est du moins la version allemande. Mais « le « traité intervenu entre les deux monarques ne dit « rien de semblable. Il ne porte autre chose, si ce « n'est qu'ils se promettent réciproquement de vivre « en bonne amitié, ce qui démontre bien que chacun

CLASS.

« d'eux devait conserver ce qu'il possédait [1] ». Ce
qui le prouve, c'est qu'il est constant que Charles le
Simple continua à faire plusieurs fois acte de souveraineté en Lorraine. Cette cession, dans tous les cas,
si elle avait dû avoir lieu, aurait été subordonnée à
la condition que le roi de Germanie aiderait effica-
cement le roi de France à reconquérir son trône ; il
n'en a rien fait.

Si cette cession avait existé, s'il en avait eu le
titre en mains, est-ce que le roi de Germanie ne s'en
serait pas autorisé pour prendre possession de la Lorraine ? Il conserva Metz, c'est vrai, et Giselbert la
Lorraine, mais le pays n'en resta pas moins partagé
entre la France et l'Allemagne.

Lorsque Charles le Simple, traîtreusement rap-
pelé en France par le comte de Vermandois, fut saisi
par lui et jeté en prison, Henri en profita pour étendre davantage son autorité sur la Lorraine, mais
bon nombre de seigneurs lorrains demeurèrent fidèles à la France et au roi Raoul; Giselbert lui-même
ne tarda pas à se joindre à eux et à se prononcer aussi
pour le roi de France. Il est vrai que tombé quelques
années après, en 929, aux mains d'un de ses vassaux infidèles, qui le livra au roi de Germanie, Giselbert n'hésita pas plus que la première fois à renier
son souverain, et à offrir son dévouement à celui qui

---

1. Bibliothèque de Bruxelles, manuscrits n° 17, 914.

se trouvait maître de son sort ; c'est même encore là une de ces circonstances historiques invoquées par l'école allemande pour établir les droits de l'Allemagne sur la Lorraine.

La Lorraine
gouvernée
par des ducs
héréditaires.

Le monarque allemand, qui n'avait peut-être pas été étranger au piège tendu à Giselbert, comptait si peu sur sa fidélité et y attachait tant de prix, qu'il ne négligea rien pour le gagner à sa cause. Non seulement il le réintégra dans son gouvernement de la Lorraine, mais il le fit entrer dans sa famille en lui donnant en mariage sa propre fille, Gerberge. Mais à la mort du roi de Germanie, les Lorrains se détachèrent encore une fois de l'Allemagne pour se donner de nouveau à la France, et Giselbert, qui n'avait pas renoncé à l'espoir de se créer une royauté indépendante, se ligua d'abord avec le comte de Vermandois et Hugues le Grand, comte de Paris, contre Louis d'Outre-Mer, fils de Charles le Simple, que les grands du royaume avaient rétabli sur le trône de France en 936. Puis, croyant avoir plus d'avantages avec le roi de France, il lui offrit la couronne de Lorraine. Louis d'Outre-Mer se méfiant de lui, repoussa ses propositions. Mais Giselbert vint le trouver en personne avec quelques seigneurs lorrains, et triomphant de ses hésitations à force d'assurances, l'entraîna jusqu'à Verdun, où il reçut l'hommage des barons comme roi de Lorraine. « Les évêques de ce « royaume penchaient aussi pour la France, mais le

« nouveau roi de Germanie, Othon de Saxe, qui con-
« naissait leurs dispositions, les avait contraints de
« lui remettre des otages, ce qui les empêcha de se
« déclarer [1]. »

Les Allemands, se sentant incapables de se maintenir dans un pays qui tendait les bras à ses libéra-
teurs, s'enfuirent à leur approche et ne s'arrêtèrent
qu'au delà du Rhin ; de sorte que la Lorraine était
gagnée à la France avant d'être occupée par elle.
Mais le roi Othon avait pris ses mesures contre une
entreprise dont le secret ne lui avait pas échappé, et
avait réuni les forces nécessaires pour soumettre les
Lorrains et repousser les Français. Il envahit la
Lorraine à la tête d'une armée considérable, grossie
encore par les fuyards qu'il rencontra sur sa route,
et se vengea cruellement sur les villes et les populations de l'attachement qu'elles montraient à la
France. Louis d'Outre-Mer, pendant ce temps, con-
sidérant son œuvre comme à peu près terminée,
obligé, d'ailleurs, de retourner en France pour défendre sa couronne contre les complots du parti national, avait confié la garde de la Lorraine à Giselbert, qui, au lieu de répondre à la confiance du monarque français, se mit à parcourir et à ravager les
frontières du Rhin, abandonnant ses soldats à tous

---

1. DIGOT, *Hist. de Lorraine*, I, p. 191. L'auteur est obligé de constater
ainsi le sentiment général et invincible de fidélité de toute la Lorraine
pour la France.

les désordres du pillage et de l'indiscipline. Les Allemands tombèrent sur lui à l'improviste, non loin d'Andernach, ce lieu deux fois fatal en si peu de temps au parti français (939), et faillirent le surprendre à table. Il n'eut que le temps de sauter à cheval et de se précipiter dans le Rhin, qu'il essaya de franchir.

« Mais, malgré sa prodigieuse vigueur corporelle, « qui étonnait ses contemporains, il ne put vaincre « la force du courant, et il périt dans les flots. Cette « mort décida la campagne [1]. »

Le roi de France accourut sur les lieux, et dans l'espoir de s'attacher les partisans de Giselbert et de se concilier en même temps le roi de Germanie lui-même, en vue de ses intérêts en Lorraine et en France, il épousa Gerberge, veuve du gouverneur lorrain et sœur d'Othon. Mais le roi de Germanie, insensible à ces avances, continua sa marche à travers la Lorraine qu'il reconquit aussi rapidement qu'il l'avait perdue.

Le dernier adversaire qui lui résista fut encore un évêque de Metz, Adalbéron, qui n'avait pas craint de recevoir en sa ville des rebelles allemands conduits par l'archevêque de Mayence au secours des Français et des Lorrains [2].

---

1. L'abbé CLOUET, Hist. de Verdun, I, p. 316.
2. On ne saurait trop remarquer combien le clergé lorrain s'était associé à cette longue et inébranlable fidélité de la Lorraine envers la France, et

La Lorraine
gouvernée
par des ducs
bénéficiaires.

Redevenu maître de la Lorraine, l'empereur Othon en remit le gouvernement à Henri, fils de Giselbert, encore en bas âge, auquel il donna pour tuteur son propre frère Henri de Saxe. Mais la Lorraine n'aimait pas assez l'Allemagne pour se résigner à devenir comme un apanage de la maison de Saxe. Elle se révolta et chassa le prince allemand peu de temps après son installation, voulant avoir du moins pour la gouverner un prince de sa race et de la famille de son ancien grand-duc Régnier, comme pour se réserver un dernier lien avec la France et une espérance pour l'avenir. En présence de ce mouvement unanime, trop puissant pour pouvoir être combattu, l'empereur se soumit, et de concert avec le roi de France, du moins, il est permis de le supposer[1], il accorda satisfaction à la Lorraine, en remplaçant son frère par un prince français, proche parent de Giselbert, Othon, fils de Ricuin, comte de Verdun, et père de Frédéric, qui devint premier comte de Bar et plus tard gouverneur, à son tour, du duché de Lorraine.

---

combien la ville de Metz, en particulier, avec ses prélats en tête, se montra toujours hostile à la domination allemande. Il ne pouvait en être autrement; la Lorraine était un démembrement de la France et non de l'Allemagne, avec laquelle elle n'avait rien de commun, et l'épiscopat, de son côté, ne pouvait oublier le pacte qui le liait à la dynastie carlovingienne comme il l'avait lié à celle des Mérovingiens, par les services que la religion, la papauté et les évêques avaient reçus de la France. Quant à la ville de Metz, elle a pu être rattachée à l'empire par une apparence de lien féodal, mais elle n'a jamais été allemande.

1. Biblioth. royale de Bruxelles, manuscrit n° 17,946.

Le jeune Henri étant mort en 944, le même sentiment national éclata de nouveau : la Lorraine réclama Othon comme gouverneur en titre, et l'empereur céda encore une fois ; mais la mort, qui semblait se faire sa complice, ayant enlevé Othon lui-même quelques mois plus tard, il parvint enfin à faire accepter à la Lorraine un gouverneur étranger, Conrad de Franconie, son gendre.

Non moins ambitieux que Giselbert, Conrad ne tarda pas à vouloir se rendre indépendant ; et un motif vrai ou supposé vint bientôt servir de prétexte à ses projets. L'empereur, son beau-père (l'empire avait passé à la maison de Saxe), avait épousé en secondes noces, en 951, la belle Adélaïde, veuve du dernier roi lombard, et en avait eu un fils.

Le bruit se répandit aussitôt qu'Othon avait l'intention de transmettre sa couronne à cet enfant ; son fils aîné, né de son premier mariage, et son gendre se liguèrent contre lui pour le détrôner. Othon marcha contre eux, les défit et leur pardonna. Cette générosité ne put désarmer Conrad, qui recommença ses hostilités, et se jeta dans Metz qu'il livra au pillage. Cette fois, son beau-père le dépouilla de son gouvernement et le donna à son propre frère Brunon, un des personnages les plus importants de son siècle (955), qui venait d'être promu à l'archevêché de Cologne. Dans leur fureur, Conrad et son beau-frère appelèrent au secours de leur vengeance les hordes hongroises qui avaient déjà saccagé nos contrées, et qui les couvrirent de nouveau de ruines et de sang. Déjà trente ans auparavant, et c'était leur troisième incursion, les Hongrois avaient ravagé le Verdunois ; cette fois ils s'acharnèrent sur le diocèse de Metz, dont ils brûlèrent vingt-deux églises. Saisi de regrets et d'horreur à la vue des excès commis par ces barbares, tant en Lorraine qu'en France, en Italie et en Allemagne, Conrad sollicita de l'empereur la faveur d'aller les combattre, pour expier son crime, et s'ensevelit dans la victoire qu'il remporta sur eux au Lechfeld, près d'Augsbourg (955).

« Le roi fit ce qu'il put pour s'assurer de la fidé-
« lité des Lorrains ; dès l'année 956, il tint à Ingel-
« heim, près de Mayence, une diète à laquelle assis-
« tèrent la plupart des seigneurs de notre pays, et
« comme le roi se défiait avec raison de leur incons-
« tance, il les força à lui remettre des otages, et exi-
« gea aussi de la plupart des villes une pareille ga-
« rantie de leur fidélité[1]. »

De son côté, Brunon, ne pouvant songer, comme ses prédécesseurs, à se créer une principauté hérédi-taire, se voua tout entier à la grandeur de sa maison.

Partout le parti français fut comprimé et persé-cuté, partout le pouvoir des grands vassaux fut amoin-

---

1. Nous empruntons avec plaisir cette nouvelle preuve de l'aversion constante de toutes les classes de la société lorraine contre la domination allemande à M. Digot, que personne, bien certainement, n'accusera de témoigner pour la France une préférence exagérée.

dri au profit des seigneurs ecclésiastiques, auprès desquels son titre d'archevêque de Cologne lui donnait une grande influence, et qu'il combla de richesses et d'honneurs. C'est de lui que date la grande puissance temporelle des archevêques de Trèves et de Cologne, et des évêchés de Metz, Toul et Verdun. C'est de lui aussi que date véritablement la soumission de la Lorraine à la domination allemande, sans qu'on puisse la faire reposer sur aucun autre titre que la violence, l'habileté, la corruption, et aussi sur la situation malheureuse de la France, divisée en deux partis qui se disputaient le trône, également incapables, par suite de leur division, de défendre séparément la Lorraine, et non moins disposés l'un que l'autre à la céder, au besoin, à l'empire pour s'en faire un allié.

Cependant les aspirations françaises ne se laissèrent pas dompter sans de nouvelles résistances : des révoltes éclatèrent encore plus d'une fois ; mais abandonnées à elles-mêmes, elles s'épuisèrent en stériles agitations. Pour les rendre plus impuissantes encore et dans l'espoir d'y mettre définitivement un terme, Brunon, d'accord avec l'empereur son frère, divisa en 959 le royaume de Lorraine en deux duchés, auxquels il donna les noms de haute et de basse Lorraine.

3ᵉ Période. — La Lorraine divisée en deux duchés. La haute et la basse Lorraine. Le duché de haute Lorraine rendu héréditaire (859-1048).

La basse Lorraine comprenait le Brabant, le Hainaut, une partie du Luxembourg, les pays de Liège et de Namur, et toutes les contrées situées entre les cours inférieurs de l'Escaut, de la Meuse et du Rhin, à peu près comme la Belgique actuelle.

La haute Lorraine s'étendait entre la Moselle et le Rhin, comprenant une partie du Luxembourg et du pays de Trèves, l'Alsace et la Lorraine proprement dite. On l'appelait aussi le duché de Mosellane parce que la Moselle la traversait depuis sa source jusqu'à son embouchure. « La plus voisine des fleu- « ves, et visiblement la plus robuste, dans toutes les « acceptions du mot, elle avait en elle de puissants « éléments de durée. C'est elle qui a vécu de sa vie « propre et qui n'a jamais laissé perdre son nom ; « *haute* a été oublié, *Lorraine* n'a fait que gran- « dir[1]. »

Les villes de Trèves, Metz, Toul et Verdun, ne furent comprises ni dans l'un ni dans l'autre de ces duchés. Elles restèrent reliées à l'empire, sous l'administration à peu près souveraine de leurs évêques[2].

---

1. M. P. G. DE DUMAST.
2. Metz s'affranchit de l'autorité de son évêque vers l'an 1130, et s'érigea en ville libre impériale.

Par suite, ces vieilles cités, isolées désormais au milieu d'un pays dont elles avaient été si longtemps l'honneur et la force, lui devinrent bientôt étrangères et hostiles. La Lorraine divisée en deux duchés

Brunon prit le titre d'archiduc, se réservant le gouvernement de la basse Lorraine, qu'il fit administrer sous sa surveillance par un seigneur du nom de Godefroid, que l'on s'accorde généralement à regarder comme le comte Godefroid d'Ardenne et de Verdun, et donna le gouvernement de la haute Lorraine au comte Frédéric de Bar, dont le père avait Frédéric de Bar duc de la haute Lorraine quelque temps gouverné le royaume de Lorraine. Ce seigneur, par qui commence l'histoire du duché de Bar, avait une réputation méritée de capacité et de bravoure et tenait à la famille qui régnait en Allemagne et à celle qui allait régner en France, par son mariage avec Béatrix, fille de Hugues le Grand, comte de Paris, et d'Edwige, fille de Henri l'Oiseleur, et sœur, par conséquent, de l'empereur Othon et de l'archiduc Brunon.

L'archiduc mourut en 965, et l'empereur en 973. Aussitôt le sentiment national lorrain, longtemps contenu par eux, souleva de nouveau toute la Lorraine contre la domination germanique.

Les seigneurs du pays, ayant à leur tête les descendants de Régnier II, fils de Régnier au long Cou, que l'archiduc Brunon avait dépouillés de leur comté du Hainaut, à cause de leur indomptable fidélité à la France, se donnèrent à elle de nouveau, et appelèrent à leur aide le roi Lother, qui, de son côté, attendait avec impatience l'occasion de revendiquer les droits de la France sur la Lorraine. Il y avait près de vingt ans qu'il avait succédé à Louis d'Outre-Mer, son père ; mais aussi longtemps que le grand Othon vécut, il n'osa braver ouvertement celui dont la main puissante le soutenait seule contre les seigneurs du parti national français. Aussi l'entente s'établit-elle bien vite entre lui et les chefs de l'insurrection lorraine, qu'il s'empressa de rejoindre avec son frère Charles, à la tête des principaux feudataires de la couronne. Mais après une grande bataille livrée près de Mons, sans résultat décisif, survint une transaction inattendue. « Les événe- « ments d'outre-Rhin forçaient presque toujours les « princes germains de négliger les provinces cis- « rhénanes, que la nature n'a pas faites pour être « l'appendice de la Germanie : Othon II, craignant « que les Français ne réussissent à lui enlever tout « le Lotherrègne... restitua les comtés de Mons et « de Louvain aux deux frères Régnier et Lambert, « et offrit à Karle le duché de basse Lorraine, à con- « dition qu'il lui rendît hommage et qu'il s'opposât « aux mouvements de son frère Lother (977) [1]. »

Cette solution, qui laissait Lother en dehors de

1. Henri MARTIN, t. II, p. 536.

tout avantage, qui faisait de son frère un de ses adversaires personnels et un des vassaux de l'empire,
n'était pas de nature à lui faire mettre bas les armes.
L'opinion publique elle-même, profondément irritée
de ces conventions, et qui le poussait à reconquérir
la Lorraine, ses propres sentiments, et peut-être
même les instigations de Hugues Capet, qui ne cher-
chait qu'à le brouiller irrévocablement avec le nouveau roi de Germanie, tout se réunissait pour décider Lother à maintenir hautement ses prétentions et
à les soutenir jusqu'au bout.

« Il convoqua à Laon tous les grands du royaume ;
« il accusa les Saxons de s'être approprié la Lor-
« raine, possession de ses ancêtres ; il dénonça la
« présence de l'ennemi commun à Aix-la-Chapelle,
« redevenue la capitale d'un empire. Othon, s'écria-
« t-il, ose venir se fixer sur nos frontières[1]. » Tous
les grands furent unanimes à appuyer l'avis du roi
et à demander la guerre contre l'Allemagne. Lother
se mit immédiatement en campagne, et après une
feinte démonstration contre Cambrai, se jeta en
Lorraine avec tant de célérité et de secret, que l'empereur Othon et l'impératrice Théophanie, surpris
à table, faillirent tomber entre ses mains à Aix-la-
Chapelle (juin 978). Là, il prit possession du royaume
en tournant vers la France l'aigle du palais, que tous

---

1. Ludovic DRAPEYRON, p. 31.

ceux qui possèdent ce lieu ont coutume de tourner vers leurs États, en signe de souveraineté[1]; après quoi, il revint sur ses pas. Les Allemands, de leur côté, ne tardèrent pas à envahir la France, et ils vinrent au mois d'octobre de la même année camper sous Paris, dont ils brûlèrent un faubourg.

Après avoir bataillé inutilement trois jours sous Paris, Othon fut repoussé par les Français, qui détruisirent son arrière-garde au passage de l'Aisne, près de Soissons. Mais les deux monarques étaient également fatigués d'une guerre qui ne pouvait avoir aucun avantage pour eux. L'empereur d'Allemagne voyait bien que la conquête de la France était un rêve impossible, et Lother comprit bien vite qu'il faisait fausse route en s'attaquant à celui qui pouvait seul le soutenir contre les grands du royaume. Craignant qu'une réconciliation entre eux et Othon ne le laissât exposé sans défense aux coups et aux intrigues de ceux qui cherchaient à le détrôner, il entra en négociations avec l'empereur.

Dans une entrevue qui eut lieu sur la Chiers, près d'Yvoy, d'autres disent à Longwy[2], les deux monarques conclurent un traité de paix et d'ami- « tié, publié en 980, par lequel Othon fut bien « aise de mettre fin aux hostilités, et de conserver

---

1. *Chronic. saxonic.*, Henri MARTIN, t. II, p. 356.
2. *Histoire de Longwy*, par M. C.

« quelque partie de ce qu'il possédait en deçà du
« Rhin[1]. »

La plupart des historiens, il est vrai, rapportent
que Lother « abjura toutes prétentions sur la Lor-
« raine, contre le gré et au grand mécontentement
« des grands du royaume et de l'armée française[2] ».
Cela prouverait du moins que jusqu'alors l'usurpation allemande n'avait jamais été reconnue en
France, et que tous les esprits y étaient énergique-
ment opposés, comme nous venons de le voir. Mais
Hugon, qui rapporte ce traité, et que les historiens
qui l'ont copié ont reproduit incomplètement, ajoute
lui-même que cette cession ne fut faite qu'à titre de
fief, et « en fief[3] à vie », dit Guillaume de Nangis, qui
« a écrit jusqu'à l'année 1209, en suivant générale-
« ment Sigebert, qui glisse sur ce point. Les lois
« reçues en France et en toutes sortes d'États, n'au-
« raient, du reste, pas permis une cession sans retenir
« la souveraineté. Aimouin, ou son continuateur au
« Ve livre, chapitre 4, raconte le fait comme Guil-
« laume de Nangis, et presqu'en même temps que
« lui. Et puis, est-ce qu'on peut supposer le contraire
« en voyant Lothaire victorieux d'Othon, et le me-

---

1. Manuscrits de la bibliothèque de Bruxelles, n° 17,946.
2. D'après Sigebert, Chronic. ; Hugon-Floriac, Chronic.
3. Dedit... Lotharius rex Othoni regi in beneficio lotharium regnum; qui *eunà magis « contristavit corda principium Francorum ».* Hugonis-Floriac, Chronic.

« nant tambour battant jusqu'à la Meuse[1] ! Lothaire
« fut donc reconnu suzerain de toute la Lotharingie ;
« Othon, propriétaire de la haute, et Charles de la
« basse[2] »

Enfin, quelle que soit la prétention des rois de
trafiquer à leur gré des populations, on ne peut
guère leur reconnaître ce droit dans leur seul intérêt et dans le seul but de faire violence aux sentiments et aux tendances de leur propre pays. Cette
cession, avec ou sans la réserve de la souveraineté,
n'ajoutait donc aucun titre à l'occupation allemande.
Et ce qui semble bien prouver que Lother n'avait
cédé la Lorraine qu'à titre de fief et à vie seulement, c'est qu'à la mort d'Othon, en 983, il entra en
Lorraine et en reprit possession. Le duc de Bavière,
Henri le Querelleur, qui s'était emparé du jeune
Othon III, et qui voulait se faire proclamer roi de
Germanie à sa place, offrit, à son tour, à Lother,
pour prix de son alliance, de renoncer à son profit
à tous les droits de l'Allemagne sur la Lorraine.
Mais une fois sur le trône, il retira sa parole et
manqua à sa promesse dans la crainte, dit-il, de mé-
contenter le sentiment national. Une telle duplicité
n'est pas entièrement impossible : on en a vu des
exemples plus tard. Toujours est-il que s'étant
rendu au lieu assigné par son faux allié, à Brisach,

---

1. Manuscrit ci-dessus.
2. *Hist. du Luxembourg*, par M. LAGARDE, I, p. 85.

en Alsace, Lother s'y trouva seul et faillit être victime de sa confiance dans la parole du monarque allemand. Il échappa, non sans peine, aux dangers dont sa retraite fut entourée, et prit Verdun en passant, après un siège de huit jours (984); puis il partit pour Laon, où il avait convoqué ses fidèles, laissant la ville sous l'autorité de la reine Emma et sous la garde de quelques chevaliers. Mais Godefroid, comte d'Ardenne et de Verdun, Thierry, fils de Frédéric de Bar, duc de la haute Lorraine, et d'autres chefs de ce parti germanique que la politique de l'archiduc Brunon avait su constituer, et qu'il avait mis à la tête du pays, se réunirent, marchèrent sur Verdun et le reprirent par surprise. Malgré les inquiétudes que lui causait la nouvelle rébellion de Hugues Capet, qui se tenait aux environs de Compiègne avec 600 hommes[1], Lother revint assiéger Verdun et s'en empara de vive force (984).

Les habitants, craignant que le roi ne les soupçonnât de complicité avec les princes allemands, lui firent porter les clefs de la ville par un « chevalier très puissant », du nom de Gobert, que l'on considère comme la souche des seigneurs d'Apremont,

*La Lorraine divisée en deux duchés.*

*Thierry de Bar, duc de la haute Lorraine.*

---

1. « Ces insurrections de Hugues et les menées de son partisan l'archevêque Adalbéron de Reims, furent une des causes principales de l'échec des armes carlovingiennes en Lorraine. » (L'abbé CLOUET, *Hist. de Verdun*, I, p. 354.)

chez lesquels ce nom de Gobert alterne invariable-
ment avec celui de Joffroy. Le roi, qui connaissait
leurs sentiments de fidélité et d'attachement pour la
France, se montra bienveillant pour eux, mais il
emmena prisonniers le comte Godefroid, qui reçut,
de là, le nom de Captif, son oncle Sigefroid de
Luxembourg, Thierry de Bar, et plusieurs autres
chefs du parti allemand. Mais Lother mourut deux
ans après, en 986, empoisonné, suivant toute apparence, par la reine Emma et par l'évêque Adalbéron,
de Laon[1], son amant, et Verdun retomba au pouvoir
de l'Allemagne, qui resta ainsi définitivement maîtresse des deux duchés de Lorraine.

Le fils de Lother V ne régna que quatorze mois.
Il mourut à vingt ans, empoisonné comme son père,
et le parti national français, qui luttait depuis cent
ans pour renverser la dynastie carlovingienne, et
rompre avec les souvenirs de la conquête germanique, prit enfin possession du trône avec Hugues
Capet en 987. Pour affermir son pouvoir et gagner
les bonnes grâces de l'Allemagne, la nouvelle dynastie la laissa disposer de la Lorraine à son gré.

Le duché de haute Lorraine était alors entre les
mains de Thierry de Bar, fils et successeur de Frédéric Ier. Il passa, en 1024, à Frédéric II, fils de

---

1. Ce nom d'Adalbéron était alors fort à la mode chez les clercs nobles;
vers 980, les sièges épiscopaux de Reims, Metz, Verdun et Laon, étaient
occupés par des prélats de ce nom.

Thierry. Frédéric II étant mort en 1028 [1], sans enfants mâles, la haute Lorraine fut séparée du comté
de Bar et donnée à Gothelon le Grand, frère de
Godefroid Ier, qui possédait déjà la basse Lorraine [2],
et qui se trouva, par là, possesseur « et, en quelque
sorte, souverain du royaume de Lorraine tout entier » (Digot). Mais à la mort de Gothelon, en 1043,
l'empereur s'empressa de rompre cette union, dont
Brunon avait compris le danger, ainsi que l'empereur Conrad lui-même, lorsqu'il avait vu Gothelon
s'associer au sentiment public et ouvrir les portes
de la Lorraine à Robert, roi de France [3]. Gothelon
laissait trois fils :

Gothelon, dit l'Indolent ;

Godefroid le Courageux, dit aussi le Breux ou
le Barbu, et Étienne, qui devint le pape Étienne IX.

*La Lorraine divisée en deux duchés*

*Gothelon, duc de la haute Lorraine.*

---

1. Quelques chroniqueurs, et notamment Sigebert, placent seulement en
1033 la mort de Frédéric ; M. Digot croit la date de 1028 plus exacte (I,
p. 219, note).

2. Charles de France, frère de Lother, avait été investi du duché de
basse Lorraine en 977, comme nous l'avons dit ; son fils Othon lui succéda
et gouverna ce duché de 991 à 1005. Othon mourut sans enfants, et Henri II
donna la basse Lorraine à Godefroy d'Eenham et de Bouillon, qui mourut
également sans enfants, et qui eut pour successeur Gothelon, dit le Grand,
son frère.

3. Gothelon se réconcilia avec Conrad, mais la France trouva bientôt un
autre allié. Le comte Eudes de Champagne disputait le royaume de Bourgogne à l'empereur. Après un premier échec en Bourgogne, il envahit la
Lorraine, s'empara du château de Bar, et vint livrer bataille aux troupes
impériales auxquelles s'étaient jointes les Lorrains de la basse et de la
haute Lorraine, sous la conduite de Godefroid, fils de Gothelon le Grand,
et de Gérard d'Alsace, neveu d'Adalbert, à Honol, dans la vallée de l'Orne,
un des affluents de la Moselle, lieu inconnu aujourd'hui, le 21 novembre
1037. Les Champenois furent battus ; deux mille d'entre eux restèrent sur le
champ de bataille... Jean de Bayon ajoute que cette guerre fut la dernière
entreprise par les Français sur le royaume de Lorraine. (DIGOT, I, p. 221).

Henri III, qui avait succédé à Conrad le Salique, son père, promit la haute Lorraine à Gothelon, et exigea que la basse Lorraine fût remise à Godefroid, du vivant même de son père[1].

Mais autant Gothelon était incapable, autant Godefroid avait d'énergie et d'ambition. Il voulut joindre la haute Lorraine à son duché, Henri III la lui refusa; il se mit en mesure de la conquérir; Henri III lui enleva son duché de basse Lorraine et donna la haute à Adalbert d'Alsace. Godefroid,

poursuivi par l'empereur, fut obligé de lui faire sa soumission, lui donna son fils en otage, et en obtint la restitution de son duché de basse Lorraine.

Gothelon l'Indolent étant mort, en 1046, sans enfants, Godefroid, son frère, qui attendait cet événement avec impatience, comptait bien recueillir, par droit de succession, ce qu'il n'avait pu obtenir par la force. Mais Henri III, de son côté, était bien décidé à ne rien ajouter à la puissance de son turbulent vassal, qui sut faire taire toutefois son ressentiment à cause de son jeune fils resté en otage. Mais cet enfant étant venu à mourir, Godefroid leva de nouveau l'étendard de la révolte contre l'empereur, l'accusant d'être cause de la mort de son enfant. Il marcha sur Verdun, s'en empara, livra aux flammes

---

1. Contrairement à l'opinion générale des historiens, Lavelley prétend que c'est la haute Lorraine et non la basse qui a été donnée à Godefroid. (*Hist. du duché de Lotharingie*, p. 507. *Hist. du Hainaut*, I, p. 141.)

l'évêché et la cathédrale, puis courut à la rencontre d'Adalbert et le tua de sa propre main (1047).

Cette imputation et ces exploits sanglants ne pouvaient qu'irriter Henri III, qui s'en vengea sur leur auteur en lui enlevant une seconde fois le duché de basse Lorraine, qu'il donna à Frédéric de Luxembourg, un de ses plus fidèles alliés. Il remit en même temps le duché de haute Lorraine, à titre héréditaire, à Gérard d'Alsace, neveu d'Adalbert, qui devint ainsi la souche des ducs héréditaires de Lorraine[1].

*La Lorraine divisée en deux duchés*

*Gérard d'Alsace premier duc héréditaire de la haute Lorraine*

----

1. Quoique les trois ducs de la maison de Bar se soient succédé d'une manière qui ressemble fort à l'hérédité, et que les ducs suivants, Gothelon et Adalbert, aient été choisis, sans doute avec intention, dans les familles alliées à cette maison, il est certain que jusqu'à Gérard d'Alsace le duché de la haute Lorraine n'était pas héréditaire, il ne le devint que sous le règne de Gérard. (DIGOT, I, p. 225.)

Quant à la basse Lorraine, Godefroid, expulsé de son duché et après avoir fait amende honorable à Verdun pour l'incendie de la cathédrale, se rendit en Italie, où son mariage avec Béatrix de Bar, comtesse de Briey, veuve du marquis Boniface de Toscane, rétablit sa fortune. Godefroid le Bossu, son fils, issu d'un premier mariage, épousa en 1063 la fille de Béatrix de Bar, Mathilde, connue plus tard sous le nom de la grande comtesse Mathilde. Après la mort de Frédéric de Luxembourg, en 1065, l'empereur Henri IV rendit la basse Lorraine à Godefroid le Courageux ou le Barbu, et elle resta dans la maison d'Ardenne jusqu'au départ de Godefroid de Bouillon pour la croisade en 1096.

# CHAPITRE II.

## Origine et formation du comté de Bar.

### (951.)

---

Pendant que la France et l'Allemagne se disputaient la Lorraine, et que les ducs bénéficiaires
chargés de la gouverner cherchaient à la conquérir
pour eux-mêmes, les membres de la famille d'Ardenne se créaient des souverainetés dans le Hainaut, le Brabant, le Luxembourg, les comtés de
Liège et de Namur, et autres parties de la Lorraine
inférieure. Un des membres de cette famille notamment, Frédéric, fils d'Othon et arrière-petit-fils du
grand-duc Régnier au long Cou, avait été un des
premiers à se constituer, sur les confins occidentaux
de la Lorraine, un domaine considérable, comprenant une partie des Ardennes, du Chaumontois, du
Saintois, de Saint-Mihiel et de ses environs, le comté
de Woëvre, les pays d'Étain, Briey, Conflans, Vil-
lers-la-Montagne, Longuyon, Stenay, etc.

En considération de son mariage avec Béatrix,
qu'il épousa en 951 et qui le rapprochait, comme
nous l'avons dit, de Hugues Capet, dont elle était
la sœur, et de l'empereur Othon, dont elle était la
nièce par sa mère, l'empereur érigea le domaine de
Frédéric en comté et lui en donna la souveraineté.
Le nouveau souverain s'empressa de faire construire
à Fains un château digne d'abriter sa nouvelle
puissance, mais comme ce château se trouvait sur le
territoire français, et que le comte Frédéric en usait
pour commettre des violences dans les alentours,
le roi Louis d'Outre-Mer fit raser la forteresse.

Lorsqu'il fut investi par Brunon, en 959, du duché
de la haute Lorraine, il se crut assez fort pour reprendre ses projets, et, quelques années plus tard,
en 964, il éleva le château de Bar, dont il avait besoin, disait-il, pour opposer une barrière aux courses
des Champenois sur ses terres. Cette fois, le nouveau
château se trouvait être sur le domaine de la cathédrale de Toul. Saint Gérard, évêque de cette ville,
porta ses plaintes à l'empereur, qui laissa subsister
le château, mais qui condamna Frédéric à indem-
niser le prélat. Dès qu'il fut à la tête du duché de la
haute Lorraine, le comte de Bar prit le titre de duc,
que portèrent après lui son fils Thierry et son petit-
fils Frédéric II, qui lui succédèrent également
comme souverains du Barrois et comme gouver-
neurs bénéficiaires de la haute Lorraine ; mais Fré-

déric II n'ayant laissé que deux filles, le comte
Louis de Mousson et de Montbéliard, son gendre,
ne lui succéda pas au duché de Lorraine, et n'eut
plus que le titre de comte, qui resta dans la maison de Bar jusqu'à l'érection du Barrois en duché,
en 1354.

# CHAPITRE III.

## Le Barrois divisé en Barrois mouvant et Barrois non mouvant. Traité de Bruges.

### (1301.)

Le Barrois subit le sort de la Lorraine, dont il avait fait partie, et fut, comme elle, soumis à la domination allemande; toutefois lorsqu'il fut érigé en comté héréditaire en faveur de Frédéric I⁰ʳ, en 951, il lui fut transmis à titre de souveraineté, à l'exception de Pont-à-Mousson qui dépendait de l'empire, et sous la seule réserve de l'hommage simple dû aux empereurs d'Allemagne. Tout le surplus formait un franc-alleu de la maison de Bar et lui appartenait en propre. Mais en 1301, le Barrois perdit la souveraineté sur la moitié de ses États et fut divisé en Barrois mouvant, c'est-à-dire relevant de la France, et Barrois non mouvant, c'est-à-dire resté indépendant.

Vers l'an 1286, les moines de l'abbaye de Beau-

lieu, dans le Clermontois, s'étaient mis sous la garde
et protection du roi de France, Philippe le Bel. Le
comte Thiébaut de Bar, qui prétendait avoir des
droits à cette garde, se vengea des moines et de ce
qu'il considérait comme une défection de leur part,
en envahissant leur maison et en la livrant au pillage. La France se contenta de répondre à cette
agression brutale en faisant ouvrir une enquête sur
les droits respectifs des parties et en prenant provisoirement possession de l'abbaye. Mais le comte de
Bar, loin de reconnaître ce procédé pacifique, fit
intervenir l'empereur dans le débat et lui attribua,
de son propre chef, la suzeraineté sur Beaulieu.
Dès lors, cette affaire prit des proportions inattendues et produisit, plus tard, les conséquences les
plus graves et les plus funestes.

Tout entier à sa haine contre le roi de France,
le comte Thiébaut se jeta dans les bras du roi d'Angleterre, dont il demanda une des filles pour son
fils aîné Henri. La France ne répondit pas à cette
nouvelle hostilité, et les choses restèrent en cet état
de discussions et de procédures jusqu'à la mort de
Thiébaut, en 1293. Mais à peine son fils lui eut-il
succédé sous le nom de Henri III, qu'il s'empressa
de conclure son mariage avec Aliénor ou Éléonore
d'Angleterre, dont le père, Édouard Iᵉʳ, était alors
en guerre avec la France. Ce mariage en pareille
circonstance et la précipitation avec laquelle le

nouveau souverain du Barrois l'avait accompli, di-
saient assez quels étaient ses sentiments et ses projets vis-à-vis de la France. Cependant Philippe le
Bel contint encore son mécontentement.

L'année suivante, en 1294, l'empereur Adolphe
de Nassau, qui avait vendu son alliance au roi
d'Angleterre, déclara la guerre au roi de France,
et le jeune comte de Bar sollicita le périlleux honneur d'être le lieutenant de l'empire dans cette lutte,
qu'il semblait ainsi faire sienne autant qu'il dépendait de lui. L'empereur accéda volontiers à son
désir; mais comme il n'avait déclaré la guerre que
pour ne pas rendre le prix de son alliance, et qu'il
ne se souciait nullement d'y prendre part en personne, il se borna à inviter le duc de Lorraine, les
évêques de Toul et de Verdun, les comtes de Sarre-
brück et de Luxembourg, les villes et communautés
de Metz, Toul et Verdun, d'aider son lieutenant de
leurs contingents et de leurs conseils. Personne
n'obéit à ce mandement, de sorte que la déclaration
de guerre de l'empereur n'eut d'autre effet que de
compromettre encore davantage Henri III qui, se
voyant seul contre le roi de France, justement irrité,
dut entrevoir avec effroi l'abîme qui s'ouvrait sous
ses pas. Mais, soit qu'il se considérât comme trop
engagé pour reculer, soit que sa haine fût de celles
qui restent sourdes à la voix de la raison, il afficha
plus hautement encore ses provocations et son hos-

tilité, et vint prendre place dans la ligue formée, au mois de novembre 1296, contre le roi de France, entre le roi d'Angleterre, l'empereur, le duc de Brabant et les comtes de Flaudre, de Hollande et de Juliers. Philippe le Bel marcha au-devant de la coalition et vint mettre le siège devant Lille, au mois de juin 1297. Aussitôt le comte de Bar, incapable de résister plus longtemps à l'impatience qui le possédait, se met à la tête d'une nombreuse cavalerie, fond à l'improviste sur l'abbaye de Beaulieu, cause première d'un différend qui devait coûter si cher au Barrois et à son souverain, la livre aux flammes, envahit la Champagne, qui appartenait à la reine Jeanne, femme de Philippe le Bel, et s'abandonne sur cette malheureuse province à tous les excès de sa rage et de sa haine envers la France. Philippe le Bel expédie contre lui Gauthier de Crécy, seigneur de Châtillon-sur-Marne, qui, de son côté, pénètre dans le Barrois, y met tout à feu et à sang et ne s'arrête que sous les murs de Bar. Obligé d'accourir à la défense de ses États, le comte Henri quitte la Champagne, rentre dans le Barrois et vient offrir la bataille à Gautier de Crécy, qui le bat, le fait prisonnier et l'envoie, sous bonne escorte, à Philippe le Bel. Le roi de France, comme pour mieux jouir de sa vengeance, le traîna à sa suite dans toute son expédition de Flandre.

L'année suivante (1298), un autre ennemi de Phi-

lippe le Bel, celui qui avait poussé l'infortuné
prince de Bar à sa perte, succombait sur le champ
de bataille. Adolphe de Nassau était défait et tué
par Albert d'Autriche, qui lui disputait l'empire et
qui lui succéda. Le nouvel empereur se trouva immédiatement, et par cela même, en butte aux ana-
thèmes du pape, qui favorisait Adolphe de Nassau,
et bientôt, au mécontentement des électeurs qui lui
avaient donné la couronne et qui se liguèrent pour
la lui reprendre. Dans cette situation périlleuse,
Albert d'Autriche s'adressa à Philippe le Bel et im-
plora son appui. Les deux monarques eurent une
entrevue, près de Vaucouleurs, dans les derniers
jours de novembre 1299, et y conclurent un traité
par lequel ils se promirent aide et protection contre
leurs ennemis. En même temps, les deux souverains
s'occupèrent de la Lorraine et en fixèrent, dit-on,
les limites en ce qui concernait leur souveraineté.
C'est encore là un de ces titres dont les Français
et les Allemands se disputent le bénéfice : ceux-ci
prétendent que les limites françaises s'arrêtèrent à
la Meuse; les Français, au contraire, qu'elles s'éten-
dirent jusqu'au Rhin. Sans attacher à ces conventions incertaines plus d'importance qu'elles n'en
méritent, nous ferons remarquer que si l'un des
deux a dû faire des concessions, c'est probablement
celui qui avait sollicité l'entrevue avec le roi et qui
avait besoin de son alliance. Cette alliance, dans

tous les cas, n'était pas de nature à adoucir l'humeur de Philippe le Bel envers le comte de Bar, qu'il tenait toujours prisonnier et qu'il ne rendit à la liberté qu'en 1301, et aux conditions les plus dures.

Il fut stipulé notamment :

1° Que le comte de Bar ferait « hommage-lige au « roi très-chrétien, de Bar et de tout ce qu'il possé- « dait et tenait en franc-alleu, dans son comté, par « deçà la Meuse, vers le royaume de France » ;

2° Que les châteaux et châtellenies de Conflans (en Bassigny), Châtillon et La Marche, appartiendraient à la France ;

3° Que le comte réparerait les dommages faits à l'abbaye de Beaulieu ou paierait 10,000 livres ;

4° Qu'avant Noël, il entrerait au service du roi de France, et irait en terre sainte faire la guerre aux Turcs jusqu'au bon plaisir du roi ;

5° Etc.

Ce traité fut signé à Bruges « le jour des Octaves de la Trinité, l'an de grâce mil trois cent un », et pour sûreté de son engagement, Henri III donna, comme garants, ses deux frères Thiébaut et Jean, Liébaut de Béfremont et Joffroi d'Apremont, qui s'étaient armés avec lui contre Philippe le Bel[1]. Le Barrois se trouva dès lors divisé, sous le rapport de la mouvance, en deux parties : l'une, appelée le

---

1. De Cazaux et Brois, I, p. 151.

*Barrois mouvant*, comprenant les bailliages de Bar
et de Bassigny, relevant de la couronne de France,
avec hommage-lige, mais en conservant, temporai-
rement du moins, le dernier ressort de la justice; et
l'autre, appelée le *Barrois non mouvant*, comprenant
le marquisat de Pont-à-Mousson, qui relevait de
l'empire, et le bailliage de Saint-Mihiel, qui formait
un franc-alleu de la maison de Bar, comme nous l'a-
vons dit.

Les empereurs refusèrent de reconnaître le traité
de Bruges comme portant atteinte à un droit de souveraineté qu'ils avaient la prétention d'étendre sur le
comté de Bar tout entier, mais la France, qui n'avait
jamais regardé la domination allemande, même entre
la Meuse et le Rhin, que comme une usurpation,
était loin de l'admettre de l'autre côté de la Meuse.
Pour elle, les terres soumises à sa mouvance étaient
des terres de franc-alleu, comme elles avaient été
qualifiées dans le traité de Bruges, et l'empire,
d'ailleurs, n'insista pas autrement dans ses réclamations. De son côté, la noblesse barrisienne protesta
aussi contre cette aliénation forcée de l'indépendance d'une partie du comté, mais que pouvaient
de vaines paroles contre les exigences d'un vain-
queur tout-puissant et profondément irrité?

Le traité fut donc rigoureusement mis à exécution.
« Le chevaleresque Henri partit pour la terre sainte,
« parcourant le monde en proscrit, battant les infi-

« dèles, traînant partout cette grande souffrance
« qu'on appelle le mal du pays [1] », et regrettant un
peu aussi sans doute de s'être ainsi laissé entraîner
à une telle animosité et à de telles hostilités envers
le roi de France, qui lui permit néanmoins de revenir dans ses États dès l'année suivante; mais le jeune
prince tomba malade à Naples et y mourut (1301).

Quant aux châtellenies de La Marche, Châtillon
et Conflans, Philippe le Bel les rendit le 25 décembre 1304 au frère de Henri III, Thiébaut de Bar,
évêque de Liège, « pour les tenir tout le cours de
« sa vie »; ce qui ne l'empêcha pas de les céder lui-
même à son tour au jeune comte Édouard de Bar,
son neveu, à charge de foi et hommage envers le
roi de France, qui y donna son consentement.

---

1. Le titre original du traité de Bruges n'ayant jamais été retrouvé ni
reproduit, les historiens lorrains en ont contesté, sinon l'existence, du
moins la portée. Comment admettre, disent-ils, que le comte de Bar se soit
résigné à d'aussi dures conditions, lorsque son beau-père, le roi d'Angleterre, n'avait pas encore fait sa paix avec Philippe le Bel; alors que les
préliminaires de paix, signés en 1298, assuraient la mise en liberté de tous
les prisonniers. Sans doute les torts du comte de Bar envers le roi de
France étaient grands, mais en s'alliant avec son beau-père, n'obéissait-il
pas à ses devoirs les plus naturels? Du reste, aucun souverain du Barrois
n'a jamais rendu hommage à aucun roi de France avant Louis XIII, et il
n'est pas même certain que le comte Henri III ait fait le voyage de la terre-
sainte, puisqu'il est mort au mois d'octobre, et qu'il était libre de ne pas
l'entreprendre avant les fêtes de Noël. (François RIQUET, *Mémoire pour le
duc Léopold*.) Quoi qu'il en soit, la France tint ce traité pour bon et y ajouta
même dans la suite le dernier ressort de la justice, qui n'y était pas compris. (Voir MERLIN, *Répertoire, Bar*.)

# CHAPITRE IV.

## Le comté de Bar érigé en duché.

### (1354.)

---

Suivant les historiens allemands, le comté de Bar aurait été érigé en duché par l'empereur Charles IV, le jour même où il érigea le Pont-à-Mousson en marquisat, c'est-à-dire le 13 mars 1354; selon les historiens français, au contraire, il y a là une véritable confusion, et si la création du marquisat de Pont-à-Mousson est bien l'œuvre de Charles IV, celle du duché de Bar est l'œuvre du roi de France, Jean II, « qui aimait beaucoup le comte de Bar, et « qui lui donna quelques années plus tard sa propre « fille en mariage ».

On a reproché aux historiens français de ne pas être d'accord entre eux sur la date de cette création, et de la placer tantôt à l'an de 1355, et tantôt à l'an-

née 1357, avec observation que le roi Jean II ayant
été fait prisonnier à la bataille de Poitiers, le 19 septembre 1356, n'était plus en droit dès lors de faire acte
de souveraineté. Mais cette objection n'est pas fondée,
puisque dès l'année 1354, le comte de Bar portait le titre de duc. Nous en trouvons la preuve, notamment
dans un compte de la prévôté de Conflans pour l'année
1354, commençant ainsi : « Compte de deniers fournis
« pour Monseigneur le duc de Bar, par Philippin de
« Longeville, écuyer, dès le jeudi après la Pentecôte
« 1354, que le dit Philippin fut nommé et établi par
« Monseigneur le duc, ses gens et les deputés de la
« commune, paix en la chastellenie pour mon d. sei-
« gneur du Chastel de Conflans-en-Jarnisy, que
« Claude Robert en issit, et que le d. Philippin y
« entra¹. »

Il est certain que l'érection du Barrois en duché
se fit entre le mois de mai 1354, où Robert ne se ti-
trait encore que de comte, et celui de novembre de
la même année, où l'on parla en assemblée officielle
d'allier « la duchié de Bar à celle de Lorraine² ».
Les termes d'une obligation souscrite par Yolande et
son mari, le 18 novembre 1354, prouvent aussi qu'a-
lors le changement était déjà accompli³; et dès les
premiers mois de 1355, le grand sceau portait en sus-

1. Archives de Bar: Comptes de la prévôté de Conflans.
2. M. l'abbé CLOUET, Histoire de Verdun, III, p. 251.
3. M. Victor SERVAIS, Annales du Barrois, I, p. 36.

cription : *Sigillum ducatûs Barrensis* [1]. M. Digot suppose que cette création fut l'œuvre commune des deux souverains de France et d'Allemagne, et M. Victor Servais penche pour cet avis [2]. « Les avis « des historiens français et lorrains, dit M. Digot, « quoique entièrement opposés, peuvent toutefois se « concilier parfaitement. Le Barrois était en effet « divisé en deux parties bien distinctes par le cours « de la Meuse, et tandis que l'une relevait de la « France, l'autre ne relevait que de l'empire. Il est « donc possible que des négociations aient été en-« tamées simultanément, auprès du roi Jean et de « Charles IV, par la régente du Barrois, dans le but « d'obtenir pour son fils le titre ducal, et que le « succès ait couronné ces négociations. Ce qui rend « la supposition plus vraisemblable, c'est que les deux « princes avaient, presque à la même époque, accordé « une dispense d'âge au jeune comte Robert Ier, « le roi de France pour le Barrois mouvant, et « Charles IV pour le Barrois non mouvant [3]. »

Ce qu'il y a de certain aussi, c'est qu'à la fin de l'année 1356, l'empereur et la seconde diète de Metz ignoraient encore, ou ne reconnaissaient pas cette nouvelle dignité du Barrois [4]. Il est évident, par

---

1. L'abbé CLOUET, *Histoire de Verdun*, III, p. 254.

2. Victor SERVAIS, *Annales du Barrois*, I, p. 36.

3. DIGOT, *Histoire de Lorraine*, p. 275.

4. « *Carolus quartus, etc., spectabilis Yolendis de Flandriâ, comitissæ B r-* « *rensis... eme et filii sui illustris Roberti, marchionis Pontensis et comitis*

conséquent, qu'elle n'est pas l'œuvre de Charles IV,
puisqu'elle existait antérieurement, même dans le
Barrois non mouvant, comme nous venons de le voir
pour Conflans, et que, s'il y contribua pour une partie, ce ne fut qu'à la suite de la France, qui avait
déjà donné son nouveau titre au Barrois, sinon pour
le Barrois tout entier, du moins pour le Barrois
mouvant.

---

« Barrensis nomine, nobis exposuit, etc. Datum Metis, anno Domini 1356,
« VII Kalendas Januarii. » DOM CALMET, Preuves, II, 623. — « Spectabilis
« Yolandis de Flandriâ, comitissa Barrensis, sue et filii sui illustris Roberti,
« marchionis Pontensis, et comitis Barrensis nomine. » Charte de Charles IV
du 21 décembre 1356. D. CALMET, II, 623. MERLIN, Répertoire, Bar, p. 629.

# CHAPITRE V.

Réunion du Barrois à la Lorraine. Partage de la succession du duc Robert. Le cardinal de Bar adopte René d'Anjou, et le marie à Isabelle de Lorraine. Adolphe de Berg et Antoine de Vaudémont.

### (1380-1440.)

---

Le duc Robert avait eu de son mariage avec Marie de France, fille du roi Jean II et de Bonne de Luxembourg, sœur de Charles IV, six garçons et quatre filles [1].

1° Henri de Bar, né en 1366, seigneur d'Oisy, qui épousa Marie de Coucy, fille d'Enguerrand, seigneur de Coucy, de Marles, La Fère, comte de Soissons, grand bouteiller de France, et d'Isabelle d'Angleterre, dont il eut :

      1° Robert de Bar, comte d'Oisy, de Marles, de Soissons, qui mourut en 1415, laissant pour

---

1. Voir le tableau ci-après.

## ROBERT.

Henri de Bar, mort en 1396, épouse Marie de Coucy.

Philippe, tué à Nicopolis en 1396.

Édouard, duc de Bar, tué à Azincourt en 1415.

Louis, cardinal, adopte René d'Anjou, mort en 1430.

Charles, mort vers 1393 sans postérité.

Jean, tué à Azincourt en 1415.

Yolande de Bar, épouse Jean d'Aragon.

Marie, épouse Guillaume de Namur.

Bonne, épouse Valeran de Luxembourg.

Yolande la jeune, épouse Adolphe de Mont. — Mortes sans enfants.

---

Robert de Bar, comte de Marles et de Soissons, mort en 1415.

Yolande d'Aragon épouse Louis II d'Anjou, roi de Sicile.

Jeanne de Bar, épouse Louis de Luxembourg, comte de Saint-Pol, connétable de France.

René d'Anjou, comte de Guise, épouse Isabelle de Lorraine, duc de Bar et de Lorraine.

Pierre de Luxembourg, comte de Saint-Pol, épouse Marie de Savoie.

Yolande d'Anjou épouse Ferri, comte de Vaudémont, duc de Lorraine et de Bar.

Marie de Luxembourg, comtesse de Saint-Pol, ép. François de Bourbon, comte de Vendôme, mort en 1495.

René II, duc de Lorraine et de Bar, épouse Philippe de Gueldres.

Charles de Bourbon, duc de Vendôme, comte de Marles et de Soissons, mort en 1537, épouse Françoise d'Alençon.

Antoine de Lorraine épouse Renée, soeur du connétable Charles de Bourbon.

Antoine de Bourbon, duc de Vendôme, puis roi de Navarre par Jeanne d'Albret, sa femme, mort en 1562.

François I, duc de Lorraine et de Bar, épouse Christine de Danemark, nièce de Charles-Quint.

Henri IV, roi de France.
Louis XIII.
Louis XIV.

Charles III, épouse Claude de France, fille de Henri II.

Henri, épouse Catherine, soeur de Henri IV, puis Marguerite de Gonzague.

Nicole, épouse Charles IV.
Claude, ép. Nic-François de Vaudémont.

héritière une fille unique, encore en bas âge,
Jeanne de Bar, qui épousa Louis de Luxembourg, comte de Saint-Pol, connétable de
France, dont le petit-fils, Charles de Bourbon,
fut le grand-père de Henri IV;

2° Enguerrand de Bar, mort jeune.

2° Philippe de Bar.

3° Édouard de Bar, né en 1377, qui fut duc après
son père.

4° Louis de Bar, né en 1379, nommé évêque de
Poitiers à l'âge de 12 ou 13 ans, et promu à l'évêché
de Langres et au cardinalat en 1397, n'ayant pas encore atteint l'âge de 18 ans.

5° Charles de Bar, seigneur de Nogent-le-Rotrou,
mort vers l'an 1392, sans postérité.

6° Et Jean de Bar, seigneur de Puisaye.

7° Yolande de Bar, mariée à Jean, qui devint roi
d'Aragon, aïeule de René d'Anjou, duc de Bar et de
Lorraine.

8° Marie de Bar, mariée en 1389, à Guillaume de
Namur, fils aîné de Guillaume de Flandre, comte
de Namur et qui ne laissa point d'enfants.

9° Bonne de Bar, mariée en 1393, à Valeran de
Luxembourg, comte de Ligny et de Saint-Pol, seigneur de Fiennes et châtelain de Lille, qui eut plusieurs enfants, mais qui moururent avant elle.

10° Et Yolande de Bar, la jeune, née en 1382,
mariée en 1400, à Adolphe, duc de Mont ou des

Monts, fils de Guillaume I<sup>er</sup>, duc de Berg, et d'Anne de Bavière, sœur de l'empereur Rupert.

Les deux aînés, Henri et Philippe, ayant pris part, avec l'élite de la chevalerie française, à la funeste expédition des Hongrois contre les Turcs, y périrent l'un et l'autre ; Philippe fut tué à la bataille de Nicopolis (28 septembre), et Henri, non moins malheureux, y fut fait prisonnier et vint mourir à Venise, après avoir racheté sa liberté. Il laissait deux jeunes enfants, Robert et Enguerrand, dont l'aîné le représentait et aurait dû, à ce titre, recueillir un jour la couronne de Bar.

Mais des considérations supérieures le firent écarter. Le duc de Bar, voulant prévenir les maux et les désordres qui accompagnent ordinairement la minorité des princes, et qui avaient marqué la sienne, pressé par le cardinal Louis, et sans doute aussi par le comte Édouard, par Louis de Bavière, frère de la reine Isabeau, et autres parents et amis, s'était décidé, après avoir pris l'avis d'un certain nombre de notables, tant à Paris, qu'en Champagne, en Barrois et ailleurs, à assurer la survivance de sa couronne à son fils Édouard, devenu l'aîné de la famille.

Dès l'année 1399, « sentant ses forces brisées par « l'âge et le chagrin, ne pouvant plus monter à che- « val, ni se porter à la défense de ses États avec « toute la diligence nécessaire, » il lui avait abandonné les seigneuries de Pierrefort, Bouconville, l'Avant-Garde et Dun, ainsi que le marquisat de Pont-à-Mousson, avec plusieurs fiefs qui en dépendaient, parmi lesquels se trouvaient la ville, le château et la châtellenie d'Étain.

En 1401, il y ajouta les châtellenies de Clermont, Varennes et Vienne-le-Château.

Enfin, en 1404, il lui donna le duché de Bar.

Cependant le jeune Robert de Bar, devenu par la mort de son frère Enguerrand, le seul héritier de son père, ne cessait de réclamer contre des actes qui portaient une atteinte si évidente à ses droits. « Cette « question, dont la solution intéressait au plus haut « degré l'avenir et la tranquillité du pays, avait été « inutilement débattue déjà dans plusieurs confé- « rences : elle était encore indécise au printemps, « lorsque les parties se décidèrent à transiger. La « transaction fut acceptée le 8 avril 1409, à Paris, « en présence du cardinal et de Jean de Bar, et con- « firmée le 11 par un arrêt du Parlement[1]. »

Le duc confirma par cette transaction les diffé- rentes cessions faites à Édouard, et il assigna à son petit-fils, comme héritier de Henri, les terres et sei- gneuries de Bournhem, Rodes, Windich, les châtel- lenies de Bourbourg, Dunkerque, Gravelines et quelques autres, « qui ne faisaient qu'une partie de « la succession d'Yolande de Flandre, son aïeule[2] ».

---

1. Victor Servais, II, p. 435.

2. Bibl. de Bruxelles, manuscr. n° 17,346.

Au moyen de quoi, « le seigneur d'Oisy renonça
« à ses prétentions sur la succession du duc et de la
« duchesse de Bar, au profit du marquis du Pont. Il
« s'était réservé cependant le droit de succéder au
« duché au cas où ses oncles Édouard, Louis et Jean
« de Bar, viendraient à mourir sans héritiers[1]. »

Cette circonstance se réalisa ; Édouard, qui avait
succédé à son père en 1411, et Jean, son plus jeune
frère, furent tués tous deux à la bataille d'Azincourt
(25 octobre 1415), ne laissant d'enfants ni l'un ni
l'autre ; de sorte que de cette belle et vaillante famille de Bar, il ne restait plus que le cardinal Louis,
que ses fonctions ecclésiastiques avaient sans doute
préservé du sort de ses quatre frères, mais à qui
aussi elles interdisaient l'espoir d'avoir des héritiers
de son nom. Mais leur neveu, Robert de Bar, n'était
plus là pour recueillir le bénéfice de la réserve sti-
pulée par lui. Lui aussi était tombé sur le champ de
bataille d'Azincourt, laissant pour héritière une jeune
fille, Jeanne de Bar.

Ses tuteurs réclamèrent pour elle l'héritage du
Barrois, comme descendante de l'aîné de la famille,
mais le cardinal Louis, qui avait puissamment con-
tribué à écarter les réclamations du père, n'était nullement disposé à accueillir celles de l'enfant. Il prit
possession du duché et le garda.

---

1. Victor Servais, II, p. 437.

Les historiens français considèrent cette exclusion de la branche aînée comme une véritable spoliation, nulle de plein droit, et prétendent, en conséquence, que les rois de France, descendants de cette branche en ligne directe, devaient être considérés, même à ce titre, comme les légitimes propriétaires souverains du Barrois.

La jeune héritière de la branche aînée ne fut pas la seule à disputer le Barrois au cardinal. Yolande de Bar, reine d'Aragon, sa sœur, voulut y avoir sa part et porta ses prétentions devant le Parlement de Paris, mais le cardinal demanda son renvoi, ne voulant pas accepter la juridiction du Parlement, par la raison que l'action d'Yolande étant réelle, et la plupart des terres en débat hors du royaume de France, c'était devant les juges des lieux qu'elle devait agir. Au fond, il lui opposait qu'elle avait reçu 60,000 livres en dot, et qu'au moyen de cette somme, elle avait renoncé à toutes prétentions sur les successions paternelle et maternelle, et que, par conséquent, son action devait être rejetée[1]. Pour mettre fin, toutefois, à ces débats, le cardinal transigea avec sa sœur et adopta, le 13 août 1419, à Saint-Mihiel, René d'Anjou, petit-fils d'Yolande, en présence de sa sœur Bonne, veuve de Valeran de Luxembourg, et des trois États du pays. Le même

---

1. Victor Servais, p. 439. Manuscr. cité, n° 3,979.

jour, il lui fit donation du duché de Bar, en s'en
réservant le gouvernement.

Non content d'avoir posé la couronne de Bar sur
la tête de son petit-neveu, le cardinal voulut y faire
passer également celle de Lorraine, en le mariant
avec Isabelle de Lorraine, fille aînée du duc
Charles II, qui n'avait pas d'enfant mâle.

L'entreprise n'était pas facile à cause des animo-
sités qui divisaient les deux pays, et de la haine que
le duc de Lorraine portait aux princes de la maison
d'Anjou. L'ambition, toutefois, fit taire ses ressen-
timents, et le contrat de mariage fut signé au château de Foug, près de Toul, le 20 mars 1420. Il
portait que « après la mort de Charles de Lorraine
« et celle de Louis, duc de Bar, cardinal, les deux
« duchés seraient pour toujours tellement unis et
« indivisibles qu'ils ne pourraient jamais être sépa-
« rés sous aucun prétexte que ce puisse être[1]. »
René n'avait alors que douze ans, et Isabelle
dix. Néanmoins, leur mariage fut célébré à Nancy,
le 14 octobre de la même année, avec la plus
grande pompe « et au milieu d'une joie qui sem-
« blait tenir du délire. La même allégresse se ré-
« pandit dans le Barrois. On se félicitait à l'envi
« d'une alliance formée sous d'aussi heureux aus-

---

1. Excepté toutefois dans le cas où René serait mort sans enfants de son
mariage, auquel cas le Barrois devait retourner au cardinal, s'il vivait encore,
sinon à la maison d'Anjou, héritière de René. (CLOUET, III, p. 563.)

« pices; elle semblait, en effet, tarir à jamais la
« source de tant d'anciennes divisions, et ramener
« enfin la félicité si longtemps exilée de tous les
« cœurs[1]. »

Il dut se rencontrer cependant plus d'un Barrisien
pour gémir en silence sur la nationalité perdue, et
sacrifiée à un agrandissement qui ne profitait qu'au
souverain. Le Barrois, en effet, tout en conservant son
existence propre, n'en perdit pas moins son autono-
mie, et cette félicité publique sur laquelle on fondait
tant d'espérances, resta malheureusement dans son
exil. Celui qui aurait pu pénétrer l'avenir, aurait été
épouvanté des maux infinis que cette union si joyeu-
sement acclamée causerait un jour au Barrois, et des
malheurs qu'elle allait accumuler sur la tête du
jeune prince, dont elle semblait porter la fortune à
son comble.

Et d'abord, ce ne fut pas sans des luttes sanglantes
que René put prendre possession de ses deux duchés. Il eut à repousser deux prétendants qui, invo-
quant tous deux le principe d'hérédité, mais tous
deux dans un sens différent, lui disputèrent, l'un,
le Barrois, sous prétexte que sa femme devait le recueillir par succession, et n'avait pu en être dé-
pouillée par la donation du cardinal; l'autre, la
Lorraine, sous prétexte que les femmes n'en pou-

1. DE VILLENEUVE-BARGEMONT, Hist. de René d'Anjou.

vaient hériter, et que le duc Charles II n'avait pu
en investir valablement sa fille.

Le premier était Adolphe de Mont, le mari d'Yolande de Bar, la jeune, et qui, par elle, aurait eu,
en effet, des droits légitimes à la couronne de Bar,
si, lors de son mariage en 1401, ils n'y avaient for-
mellement renoncé l'un et l'autre moyennant la
somme de 20,000 écus, qui avaient été constitués en
dot à la princesse « pour sa part dans la succession
« de ses père et mère ». Malgré cette renonciation,
Adolphe de Berg manifesta ses prétentions aussitôt
après la bataille d'Azincourt, le cardinal ne pouvant
pas, suivant lui, en sa qualité d'ecclésiastique, devenir « seigneur droiturier du Barrois », mais il ne
les appuya sérieusement par les armes qu'après
l'acte du 13 août 1419, qui lui enlevait jusqu'à l'espoir de succéder au cardinal. Dès lors, il se mit en
mesure de conquérir de vive force le pays qu'il considérait comme l'héritage de sa femme. Il envahit
le Barrois, et déjà il s'était emparé des châteaux de
Pierrepont, Sancy, Briey et Étain, dont il avait fait
passer les défenseurs au fil de l'épée, lorsqu'il fut
arrêté dans ses exploits sanglants par le duc de
Lorraine, que le cardinal de Bar avait appelé à défendre avec lui une cause qui leur était devenue
commune. Bientôt même, le comte de Mont ou de
Berg, qui menait de front les intrigues amoureuses
et la guerre, ayant quitté son camp pour aller

rendre visite à une religieuse de l'abbaye de Tiffer-
dange, fut pris à son retour par le commandant de
Longwy, qui avait été prévenu de cette téméraire
excursion et qui l'envoya, sous bonne escorte, à
Nancy, où il resta prisonnier deux ans. Il n'en sortit
qu'après avoir renoncé, par acte du 3 août 1422,
ainsi que Robert, duc de Mont, son fils unique, à
toutes prétentions sur le duché de Bar, et s'être engagé à payer une rançon de 16,000 florins d'or.

Quelques années plus tard, le duc René se trouva
personnellement dans la nécessité de défendre son
second duché contre un autre agresseur, mais cette
fois ce fut lui-même qui tomba entre les mains de
son adversaire. Le cardinal étant mort le 23 juin
1430, et le duc Charles le 25 janvier suivant, le
comte Antoine de Vaudémont refusa de venir rendre
foi et hommage au nouveau duc de Lorraine, et
s'apprêta, avec l'aide de Philippe de Bourgogne, à
lui ravir le duché de Lorraine, qu'il revendiquait
au nom de la loi salique, comme seul héritier dans
la ligne masculine de Charles II, son oncle. De son
côté, René appela les Français à son secours, et les
deux armées se rencontrèrent, le 2 juillet 1431,
près des villages de Sandrecourt et de Bulgnéville.
La mêlée fut vive, mais de courte durée; au bout
d'un quart d'heure, la bataille était perdue par le
duc René qui, blessé au visage, fut fait prisonnier
et conduit à Dijon, où il resta enfermé dans un ca-

chot qui porte encore aujourd'hui le nom de Tour
de Bar.

Grâce aux sollicitations de la duchesse Isabelle,
René fut rendu provisoirement à la liberté, pour un
an, le 25 avril 1432, à condition qu'Yolande, sa fille
aînée, épouserait Ferri, fils du comte Antoine, et
que ses deux fils, Jean et Louis d'Anjou, seraient
livrés en otage. Le duc de Bourgogne, qui lui avait
imposé ces conditions, exigea, en outre, de René,
le serment de revenir dans la tour de Bar le 1ᵉʳ mai
1433, sous la foi de trente seigneurs de son parti,
qui jurèrent avec lui et s'obligèrent, pour le cas où
il manquerait à sa parole, à se constituer eux-mêmes
prisonniers à Dijon, un mois après le délai expiré.
Parmi ces chevaliers qui, pour la plupart, s'étaient
trouvés à l'affaire de Bulgnéville, on comptait Jean
d'Autel, sire d'Apremont, Philippe de Conflans, Si-
mon des Armoises, Wari de Fléville, etc.[1].

« Cependant, les évêques de Metz et de Verdun,
« administrateurs de la Lorraine, mirent tout en
« œuvre auprès des pères du concile de Bâle, alors
« assemblés, pour les engager à trancher le diffé-
« rend. On en traita, en effet, dans la session sei-
« zième, et l'empereur Sigismond[2] étant arrivé, les
« deux princes compétiteurs furent cités et compa-

1. DE VILLENEUVE-BARGEMONT.
2. Sigismond était parent de René par sa mère, qui était une sœur de Louis Iᵉʳ d'Anjou, aïeul de René.

« rurent au concile... Après de longs débats, des
« protestations multipliées et une défense opiniâtre,
« l'empereur confirma solennellement le droit de
« René sur la Lorraine[1] », sans préjudice, toutefois,
des droits futurs du comte de Vaudémont. Sigismond fit, en même temps, approcher le jeune prince
et reçut son serment de fidélité. Antoine de Vaudémont adressa aussitôt un long mémoire à Philippe
de Bourgogne pour réveiller son animosité contre
leur adversaire commun, et lui rappeler ses devoirs
de geôlier. Le duc de Bourgogne s'empressa de lui
donner satisfaction et envoya, à René, un héraut
chargé de lui signifier que l'heure de reprendre ses
fers était venue. S'arrachant aux soins de son duché
et à la tendresse de son épouse, le duc alla se reconstituer prisonnier, préférant, dit-il avec raison,
l'honneur à la liberté.

En même temps, il recueillait la couronne de
Naples, que devait lui disputer et lui ravir Alphonse
d'Aragon[2].

Malgré tous les efforts de la duchesse et de la régence de Lorraine pour arracher le malheureux

---

1. BROIX, I, p. 266.
2. René eut la malheureuse destinée d'avoir toujours pour compétiteurs
des princes puissants, courageux et pleins d'expérience. On l'a déjà vu
lutter avec infériorité contre le vaillant *Antoine de Vaudémont*, subir ensuite la volonté absolue du *duc de Bourgogne*; enfin à Naples, le nouveau
rival, *Alphonse d'Aragon*, que la fortune lui opposait, semblait précisément
celui qui pouvait le plus balancer les avantages de sa position et l'attachement des Napolitains à sa famille. (DE VILLENEUVE-BARGEMONT.)

René à sa nouvelle captivité, le traité de délivrance ne fut signé que le 28 janvier 1436, à Bruxelles. Le duc de Lorraine dut céder au duc de Bourgogne quelques places enclavées dans la Flandre et l'Artois, et payer une rançon de 200,000 florins d'or, c'est-à-dire environ deux millions de notre monnaie[1].

Il fut convenu en outre :

1° Que René resterait, dorénavant, neutre entre les Français, les Bourguignons et les Anglais ;

2° Que, pour cimenter la paix entre ces puissances, Marguerite d'Anjou, seconde fille de René, épouserait le jeune Henri d'Angleterre ;

3° Et qu'Yolande d'Anjou, sa fille aînée, épouserait Ferri de Vaudémont, conformément aux conventions précédentes, en vue desquelles le pape avait déjà expédié la dispense de parenté, le 23 avril 1435.

Philippe de Bourgogne fit remise à René, sur sa rançon, de 200,000 saluts d'or[2], le 1er janvier 1437, pour ses étrennes, et, quelque temps après, de 100,000 autres saluts, à l'occasion du mariage projeté entre le duc de Calabre[3] et Marie de Bourbon, nièce du duc de Bourgogne. Néanmoins, cette ran-

---

1. DE VILLENEUVE-BARGEMONT.

2. Le salut d'or valait 25 sous tournois. Cette monnaie avait été introduite par les Anglais pendant la guerre de Cent ans.

3. Titre que portaient les fils aînés des rois de Naples et qu'avait pris le prince Jean, fils aîné du roi René, après la nomination de son père au trône de Naples.

çon resta encore assez forte pour obliger le duc de
Lorraine à demander un subside spécial pour la
payer. Tous les sujets, laïques et ecclésiastiques,
furent taxés indistinctement à deux saluts d'or par
famille. Ce fut le premier tribut imposé en Lorraine,
on le désigna sous le nom de Rançon[1].

Mais le comte Antoine, blessé de ce que son fils
n'avait pas été investi de la régence pendant que
René était allé, en Italie, tâcher de prendre possession de son royaume de Naples, et mécontent, plus
tard, des lenteurs apportées au mariage de son fils,
reprit les armes en 1437 et 1440. Appelé chaque
fois au secours de la Lorraine, le roi de France,
Charles VII, beau-frère de René, envoya d'abord
des troupes qui se répandirent dans les deux duchés,
et y commirent non moins de ravages et d'excès que
les Picards et les Bourguignons du comte de Vaudémont, et vint en personne, en 1440, à la tête de
20,000 hommes, comme médiateur entre les deux
adversaires, et leur imposa la paix, en assurant
enfin le mariage, si longtemps différé, d'Yolande
d'Anjou avec Ferri de Vaudémont.

René put se considérer, dès lors, comme paisible

---

1. Avant René Iᵉʳ, les ducs de Lorraine n'avaient d'autres revenus que
ceux de leurs propres domaines, de leurs droits d'avouerie, de sauvegarde
et de *fournitures d'aliments et de meubles* prélevées dans certaines circonstances. La seule forme d'imposition constante qui paraisse dans ces temps
anciens est une redevance pendant longtemps bornée à deux francs par
chaque conduit ou maison de cultivateur, et nommée l'*aide Saint-Remi*,
parce qu'elle se payait le jour de cette fête. (Bᴢᴏɪx, I, p. 281.)

possesseur de la Lorraine et regarder la réunion des deux duchés comme définitivement réalisée. Cependant la petite-fille de Henri, Jeanne de Bar, comtesse de Marles et de Soissons, renouvela ses revendications sur le Barrois en 1451. Pour en finir, René lui abandonna le comté de Guise, qui rentra, plus tard, dans la maison de Lorraine, les baronnies d'Aloye, de Brou, de Montmirail, Autun, la Basoche, Nogent-le-Rotrou et 1,200 livres parisis de rente annuelle. Au moyen de quoi, elle renonça à toutes ses prétentions sur le Barrois.

# CHAPITRE VI.

## Indépendance et souveraineté de la Lorraine.
## Traité de Nuremberg.
### (1542.)

———

La Lorraine formait-elle un ancien fief de l'empire germanique, comme le prétendent les historiens allemands, ou une principauté indépendante ou souveraine, comme le soutiennent les historiens lorrains et français, c'est là une question qui peut avoir un certain intérêt au point de vue historique. Mais qu'on aille remuer ces vieux et obscurs souvenirs pour y chercher des titres à l'on ne sait quelles revendications au profit de l'Allemagne ou de la Prusse, qui n'existait pas encore à cette époque-là, c'est une prétention avec laquelle on peut agiter des esprits depuis longtemps façonnés à cet effet, mais qui ne relève plus ni de la raison ni de la critique. Pour aspirer à bouleverser, au nom d'une thèse historique quelconque, les siècles et les empires, les nationalités et le droit des peuples, la conscience publique et les traités les plus solennels, sur lesquels repose l'é- quilibre européen, il faudrait au moins que cette thèse eût pour elle l'autorité d'une vérité évidente et non contestée. Nous ne voulons examiner la ques- tion qu'au point de vue historique, sans aucun souci, bien entendu, des prétentions qu'on a voulu y ratta- cher ; et il nous suffira de reproduire les arguments sur lesquels s'appuie l'école allemande, pour faire voir qu'ils sont loin d'avoir la signification qu'on voudrait leur attribuer.

Que l'Allemagne ait étendu sa domination sur la Lorraine, aux temps qui ont précédé l'institution des ducs héréditaires, c'est certain ; mais cette domina- tion n'a jamais été autre chose qu'un fait contesté, douteux, une usurpation née des circonstances par- ticulières où se sont trouvées à un moment donné la France et l'Allemagne, n'ayant pour elle ni acquies- cement, ni convention, ni traité. Aussi, tout en re- montant jusqu'au partage de Meersen en 870, qui n'attribua cependant qu'une partie de la Lorraine à l'Allemagne, les écrivains allemands eux-mêmes veulent bien reconnaître que ces temps éloignés sont trop pleins de troubles et de confusions pour y chercher une preuve quelconque en faveur de la suzeraineté allemande sur l'ancien duché de Lorraine.

Cette preuve, ils la cherchent dans l'histoire même

du duché de Lorraine, devenu héréditaire, et ils la trouveraient dans quatre faits, qui leur paraissent décisifs, mais qui n'ont pas le même mérite aux yeux de tout le monde, savoir [1] :

1° L'acte de 1248, par lequel le duc de Lorraine reconnaît le nouveau roi d'Allemagne Guillaume. Cette reconnaissance était bien naturelle de sa part, puisque c'était lui, en quelque sorte, qui avait fait monter Guillaume sur le trône. C'est sur ses propres excitations, en effet, que les princes allemands avaient déposé l'empereur Frédéric II en 1245, et l'avaient remplacé par Henri, landgrave de Thuringe, auquel succéda Guillaume de Hollande en 1248. Aussi, le duc de Lorraine s'empressa-t-il de le reconnaître, de s'allier avec le pape, qui de son côté poursuivait Frédéric de sa haine et de ses excommunications, et de s'engager avec lui à soutenir en toute occasion le nouveau monarque contre leur ennemi commun. Qui ne voit que c'était là un traité d'alliance entre les adversaires de Frédéric II, et que la reconnaissance de son compétiteur en était la conséquence naturelle? Et encore cette alliance à laquelle il ne pouvait guère se soustraire, le duc de Lorraine n'y est pas entré gratuitement, et sa reconnaissance du nouveau monarque allemand lui fut as-

---

1. Ils sont rapportés par M. de Sybel, un des chefs les plus militants de cette école, et qui n'en a pas trouvé d'autres à y ajouter, si ce n'est deux ou trois faits, qu'il considère lui-même comme peu significatifs. (*Les Droits de l'Allemagne sur l'Alsace et la Lorraine*.)

sez chèrement payée. Pour l'en récompenser, le pape
le releva du vœu qu'il avait fait d'entreprendre le
voyage de la terre sainte. De sorte que tout se réunit
pour faire de cet acte une espèce de marché inspiré
par l'intérêt personnel et par l'esprit de parti, et pour
lui enlever toute valeur historique.

2° Le second est le diplôme de 1258, « où le roi
« d'Allemagne, Alphonse, énumère les cinq fiefs prin-
« ciers desquels se composait la souveraineté du duc,
« et les confère à celui-ci en qualité de vassal de la
« couronne allemande. »

Il y a d'abord dans cet énoncé une singulière er-
reur, que l'on est tout étonné de rencontrer dans une
discussion historique de cette importance. Il est complètement contraire à la vérité de dire que la souveraineté des ducs de Lorraine consistait uniquement
dans les cinq titres ou dignités qu'ils tenaient en fief
de l'empire. Est-ce qu'ils n'étaient pas souverains de
leurs États? Est-ce que ces États n'ont pas été constitués en grande partie par des acquisitions faites sur
des terres dépendant de la France, aussi bien que sur
des enclaves allemandes? Est-ce que la France pour
cela a jamais contesté aux ducs de Lorraine le titre
de souverains? Est-ce que les terres dites *adjacentes*
et qui formaient au moins la moitié de la Lorraine,
ne prouvent pas, par le nom qu'elles avaient conservé,
qu'elles ne faisaient pas primitivement partie du
duché? Est-ce qu'il n'y en avait pas beaucoup d'au-

tres qui n'y étaient incorporées que parce qu'elles avaient été acquises depuis plus longtemps?

Que l'on ne dise donc pas que la souveraineté des ducs de Lorraine consistait uniquement dans les quelques fiefs qu'ils tenaient de l'empire.

Ce qui est vrai, et ce qui n'a jamais été contesté par personne, pas plus en France qu'en Allemagne, c'est que les ducs de Lorraine étaient personnellement vassaux de l'empire pour quelques terres particulières et pour cinq fiefs princiers.

Ces terres consistaient en la seigneurie de Falkenstein, le marquisat de Pont-à-Mousson, le comté de Blâmont, le bailliage de Clermont, le marquisat d'Hatton-Chatel et l'avouerie de Toul.

Les cinq fiefs princiers consistaient dans la charge de grand sénéchal de l'empire, la dignité de marchis, l'avouerie de l'abbaye de Remiremont, la charge de grand voyer et la garde des abbayes de Saint-Pierre et de Saint-Martin, de Metz.

C'est à ce double titre qu'ils étaient membres du cercle du Haut-Rhin [1], et qu'ils avaient voix et séance aux assemblées de l'empire. Et ce qui le prouve bien, c'est qu'ils n'occupaient dans ces assemblées que le dernier rang, ou peu s'en faut, c'est-à-dire un rang proportionné, non à leur titre de ducs de Lorraine, mais au peu d'importance des droits régaliens et des

---

1. Avec observation que la formation des cercles de l'empire ne remonte qu'à l'année 1512.

quelques terres qu'ils tenaient de l'empire, et qui entraient pour si peu dans leur puissance et leur souveraineté[1].

Il n'est donc pas exact de dire, comme les Allemands le prétendent avec la même assurance, que « la Lorraine a été pendant tout le moyen âge, dans « toute son étendue, une province reconnue pour « telle de l'empire allemand[2]. »

Les ducs de Lorraine étaient pour certaines parties personnellement vassaux de l'empire, comme ils l'étaient de la France pour d'autres, mais ce lien n'affectait en aucune façon le duché de Lorraine, qui, en tant que province, n'a jamais été membre de l'empire allemand, de cet empire qui n'avait rien de commun, du reste, avec celui que l'Allemagne vient de ressusciter au profit de la Prusse.

La seule chose qui soit vraie dans ce fameux diplôme de 1258, c'est qu'en effet, aussitôt après son mariage, le duc Ferri III se rendit en Espagne pour y recevoir des mains d'Alphonse de Castille l'investiture des fiefs de l'empire ; mais on se garde bien d'ajouter que ce singulier roi d'Allemagne, qui avait acheté la couronne impériale mise à l'encan, d'une partie des électeurs, tandis que d'autres l'avaient

1. « Lorne quem in sessione Lotharingue in comitiis inter Principes tenet, « non procul est ab ultimo ; inde satis apparet eum hic non ratione totius du- « catûs potentissimi quem tenet, sed respectu partis tantum considerari. » Manuscrit de la la bibl. de Bruxelles, n° 17,346.
2. M. DE SYBEL, p. 19.

vendue à un prince anglais, n'a même pas essayé de prendre possession de sa couronne, et n'a jamais mis le pied en Allemagne. Que signifie alors cette démarche faite par un duc de Lorraine, dans un but évidemment intéressé, auprès d'un monarque étranger à l'Allemagne, qui n'avait d'empereur allemand que le nom et qui partageait ce titre avec un autre ? Quelle importance attacher à une investiture demandée à un prétendant, naturellement enchanté de pouvoir faire acte de souveraineté, et se persuader à lui-même que ce n'était pas complètement en vain qu'il avait payé en partie la couronne d'Allemagne[1] ?

1. Le jeune duc reçut cette investiture à Tolède, en présence de la cour d'Espagne et des princes lorrains, avec le cérémonial ordinaire des prestations de foi et hommage, et par cinq bannières qui lui furent remises successivement :

1° La première, aux armes de l'empire, était pour la charge de *grand sénéchal* de l'empire. En cette qualité le duc de Lorraine avait le droit de servir le premier plat sur la table impériale dans les jours de fêtes et de cérémonies, lorsque l'empereur tenait sa cour aux environs du Rhin, et il était obligé, lorsque l'empereur allait en personne guerroyer contre le roi de France, de commander l'avant-garde quand on marchait en avant, et l'arrière-garde au retour.

2° La deuxième bannière, portant les alérions de Lorraine, marquait la dignité de *Marchis*, qui lui donnait le droit de connaître des débats et des duels des nobles entre le Rhin et la Meuse, de donner le champ de bataille et de présider à ces solennels combats, dans lesquels la justice de Dieu devait éclater en faveur de l'innocence et du bon droit.

3° La troisième, aux armes de Remiremont, lui assurait l'investiture temporelle de cette célèbre abbaye, et lui imposait le devoir de la défendre.

4° La quatrième, portant l'épée nue, accompagnée des aigles éployées, lui conférait la charge de grand voyer de l'empire, qui mettait sous sa protection les voyageurs par terre et par eau, jusqu'aux frontières.

5° Enfin la cinquième bannière, sur laquelle se voyaient les doubles mitres des abbayes de Saint-Pierre et de Saint-Martin, de Metz, investissait le duc de Lorraine de la régale que l'empereur tirait de ces abbayes et de la garde de ces églises.

Voilà ce que les écrivains allemands appellent la souveraineté des ducs de Lorraine.

Il faut avouer, d'après cet exemple et le précédent, que les ducs de Lorraine choisissaient singulièrement les empereurs d'Allemagne pour constater leur soumission à l'empire.

3° Il en est de même du troisième, « la lettre par « laquelle l'empereur allemand Charles IV éleva, « en 1354, le comté de Bar et de Pont-à-Mousson à la « dignité margraviale [1]. »

Cette expression allemande de *margraviale* a évidemment la prétention de germaniser la fonction à laquelle elle s'applique et celui qui en est revêtu. Mais à quoi l'auteur fait-il allusion dans cette phrase si habilement calculée et si favorable à la confusion ? Est-ce à l'érection du comté de Bar en duché, ou à celle du Pont-à-Mousson en marquisat ?

Ce sont là deux actes parfaitement distincts. Or, ce ne peut pas être de l'érection du comté de Bar en duché qu'il s'agit, puisqu'en cette même année 1354 ce changement, qui avait déjà eu lieu cependant, n'était pas encore reconnu par l'empire allemand, ainsi que nous l'avons vu. D'ailleurs, on sait aussi bien en Allemagne qu'en France qu'il n'existe aucune charte, aucune « lettre » relative à l'institution du comté de Bar en duché, et que la lettre dont on parle ne s'applique qu'à la terre du Pont-à-Mousson, qui dépendait de l'empire, et que Charles IV

---

[1]. Henri de Sybel, p. 26.

érigea, en effet, en marquisat par diplôme du 13 mars 1354. Mais cela n'a aucun rapport avec l'érection du comté de Bar en duché, et aucun rapport, par conséquent, avec la question qui nous occupe.

4° Enfin, le quatrième et dernier argument, c'est « la célèbre convention de 1539, sur laquelle se « fonde la situation subséquente de la Lorraine, et « où le roi d'Allemagne Ferdinand déclare que le « duc a été de tout temps sujet de l'empire, et res- « tera dans la suite encore sous la protection de l'em- « pire, moyennant le paiement de certaines taxes, « mais qu'il sera désormais indépendant des ordres « et des jugements des tribunaux impériaux. »

Il est vrai que Ferdinand prétendait que la Lor- raine était soumise à l'empire, mais il est non moins vrai que le duc de Lorraine, à qui il s'adressait, a toujours prétendu le contraire, et que le traité de Nuremberg, qui n'est autre que la convention dont il s'agit, dit à peu près tout l'opposé de ce qu'on lui fait dire ci-dessus, puisqu'il affirme de la manière la plus positive et la plus solennelle la pleine et entière indépendance de la Lorraine.

Ce traité, en effet, qui est non de 1539, mais du 26 août 1542, porte, sans trancher la question pour le passé, que « le duché de Lorraine sera et restera « toujours libre et inincorporable, et qu'il sera re- « connu, nommé et considéré comme une principauté « souveraine par l'empereur, les électeurs et les États

« de l'empire », et pour mieux établir l'indépendance du duché, le traité ajoute que le duc Antoine et ses successeurs resteront feudataires de l'empire, pour les fiefs que lui ou ses prédécesseurs en avaient reçus, c'est-à-dire les fiefs dont nous avons parlé, et qu'en raison de ces fiefs particuliers, « qui étaient peu nombreux[1] », les ducs de Lorraine contribueraient pour une part juste et modique aux frais de justice de la chambre impériale, devant laquelle leurs sujets ne pourraient être appelés que pour des causes relatives à cette taxe.

Ainsi, le Barrois non mouvant, comme nous l'avons vu, était, à l'exception du Pont-à-Mousson, un franc-alleu de la maison de Bar, et la Lorraine, comme nous venons de le voir, appartenait en toute souveraineté à ses ducs, qui n'étaient vassaux de l'empire, comme ils l'étaient de la France, que personnellement, pour quelques terres en petit nombre et quelques dignités sans importance. La question eût-elle été douteuse antérieurement, qu'elle aurait cessé de l'être à partir du traité de Nuremberg, dont les termes exprès ne permettent à personne de contester l'indépendance absolue de la Lorraine envers l'empire allemand.

---

1. « *Quæ pauca erant* ». Ce sont les termes mêmes du traité. Ce traité fut ratifié à Spire par Charles-Quint le 23 juillet 1553, et renouvelé en 1617 entre l'empereur Mathias et le duc Henri de Lorraine.

# CHAPITRE VII.

## Réunion de la Lorraine et du Barrois à la France.
### (1618-1766.)

----

1ʳᵉ Période. — Conquête des deux duchés par la France. Guerre de Trente ans. Charles IV prend parti pour la maison d'Autriche. Première et seconde invasion française (1632-1633). — Charles IV, chef de la ligue catholique allemande. Traité de Westphalie. Traités divers toujours violés par Charles IV, qui, après avoir perdu et recouvré ses États, les cède à Louis XIV. Il révoque cette cession. Troisième invasion française. La France reprend possession des deux duchés (1663). — Mort de Charles IV (1675).

L'histoire de la réunion de la Lorraine et du Barrois à la France peut se diviser en trois périodes: la première où cette réunion se fit par droit de conquête; la seconde où les ducs de Lorraine rentrèrent en possession de leurs États, et la troisième où cette réunion s'opéra de nouveau et définitivement par la voie des traités, et au moyen de la cession des deux duchés à la France.

Et il est à remarquer que ces deux réunions successives sont beaucoup moins l'œuvre de l'ambition française que la conséquence de l'intérêt allemand, puisqu'elles ont eu lieu, la première, au milieu des guerres de la réforme dans lesquelles la France sauva par son intervention, on ne peut pas le contester, la liberté politique et religieuse de l'Allemagne; et la seconde, par le traité de Vienne, sur les instances de l'empereur d'Allemagne lui-même et dans l'intérêt de ses combinaisons personnelles.

Déjà, en 1552, les protestants d'Allemagne, réduits à la dernière extrémité par Charles-Quint, avaient fait appel à la France, qui les sauva une première fois, et reçut d'eux pour prix de ses services les trois villes impériales de langue française, Metz, Toul et Verdun. La maison d'Autriche, toutefois, n'avait abandonné ni sa politique impitoyable envers les réformés, ni ses projets de domination sur l'Europe. Ferdinand II, qui reprit cette sanglante et ambitieuse mission, déchaîna sur l'Allemagne toutes les fureurs du despotisme et du fanatisme, et transforma ce malheureux pays en un vaste champ de carnage; et si la France n'était venue le sauver une seconde fois, on peut dire « que le culte luthérien « n'existerait plus et que l'Allemagne intellectuelle « n'existerait pas [1]. »

Placée entre la France et l'Allemagne, et sollicitée par chacune d'elles, la Lorraine ne pouvait que

---

1. Alfred MICHIELS.

bien difficilement conserver sa neutralité ; pour com
ble de malheur, le prince qui la gouvernait alors,
esprit brillant, aventureux et léger, audacieux et
passionné pour la guerre, avait toutes les qualités
qui séduisent, et tous les défauts qui perdent les
souverains et leurs États. Quoique élevé à la cour
de France et lié d'une étroite amitié avec Louis XIII,
Charles IV se sentait entraîné de préférence vers
l'Allemagne, où il avait fait ses premières armes, et
vers les idées catholiques, à la défense desquelles
les siens avaient attaché leurs noms. Mais le caractère bien connu de Charles IV permet de supposer
qu'à côté de ces motifs, il en accueillit d'autres d'un
ordre moins élevé. La jeune et belle duchesse de
Chevreuse, notamment, étant venue demander à la
cour de Lorraine un refuge contre l'inimitié de Richelieu, n'eut aucune peine à enrôler le prince lorrain au nombre des ennemis du cardinal, et à l'entraîner dans la ligue qui se formait alors contre la
France entre l'empire, l'Angleterre et la Savoie (1626).
Aussi ne tarda-t-il pas à se dévoiler, malgré ses protestations de fidélité répétées à Louis XIII et à Richelieu.

Il commença par livrer Vic et Moyenvic à l'empereur pour y élever des forteresses, et l'engagea à
envahir l'évêché de Metz. En même temps il recevait
de lui l'investiture des fiefs relevant de l'empire, et
s'employait à Colmar à apaiser les différends surve-

nus entre l'empereur et le roi de Bohême. Et ce qui
était non moins grave, il offrait une magnifique
hospitalité au frère de Louis XIII, mêlé aux conspi-
rations ourdies contre le cardinal, et lui donnait
secrètement, quelque temps après, sa sœur Marguerite en mariage (1631), tout en renouvelant au roi
ses assurances de fidélité, et en gardant un prudent
silence sur ce mariage. Il n'ignorait pas, en effet,
combien cette alliance était de nature à exaspérer le
roi, qu'elle blessait personnellement, et son ministre,
dont elle renversait tous les plans.

Quoique ne connaissant pas encore ce mariage,
Louis XIII et Richelieu savaient désormais à quoi
s'en tenir sur le compte de Charles IV. Aussi les
troupes reçurent l'ordre de s'avancer en Champagne
et dans les Trois-Évêchés, et le 18 octobre, la cour
se transporta tout entière à Château-Thierry.

Cependant, avant d'aller plus loin, le roi fit encore
offrir son alliance au duc de Lorraine, promettant de
le défendre envers et contre tous. Charles IV n'ayant
répondu à cette proposition que par des paroles éva-
sives, Louis XIII se rapprocha des frontières lorraines, et lui fit transmettre l'injonction d'avoir à
s'expliquer sur « le prétendu mariage de Monsieur
« avec la princesse Marguerite, et de faire passer le
« Rhin à son armée, qu'autrement le roi irait à lui
« avec toutes ses forces pour être de la noce. »

En présence d'une telle menace et du péril qui se

dressait devant lui, Charles réunit en conseil à Nancy tous les membres de la famille ducale, et l'on y décida que le duc enverrait son armée sur le Rhin, comme le demandait le roi de France, mais pour la joindre à celle de l'empereur. A cette nouvelle, Louis XIII, tout en respectant encore les frontières de la Lorraine, s'avança jusqu'à Metz, où Charles comprit la nécessité d'aller lui présenter des explications. Le roi l'accueillit avec de grands honneurs, et de cette entrevue sortit le traité de Vic, signé le 6 janvier 1632, suivant lequel le duc s'engageait à n'avoir d'alliance qu'avec la France.

Traité de Vic.<br>6 janvier 1632.

Ainsi commença cette longue série de traités intervenus entre la France et le duc de Lorraine, aux termes desquels celui-ci abandonnait ou regagnait, suivant les circonstances, une partie plus ou moins considérable de ses États, et qu'il violait tous aussitôt après les avoir signés.

Ce premier traité n'ayant reçu aucune exécution de la part de Charles IV, fut suivi de la première invasion française et du traité de Liverdun, du 26 juin 1632, qui ne fut pas plus exécuté que le premier, et amena la confiscation du Barrois, la seconde invasion française, en 1633, et le traité de Charmes, du 20 septembre de la même année, par lequel Nancy ouvrait ses portes à Louis XIII. Charles IV crut se soustraire aux conditions de ce traité, en abdiquant en faveur de son frère, le cardinal

Traité<br>de Liverdun.<br>26 juin 1632.

Traité<br>de Charmes.<br>20 septembre<br>1633.

François de Lorraine, le 19 janvier 1634, mais Louis XIII et son ministre refusèrent de s'arrêter devant un acte qui n'avait pour but que de permettre au duc de Lorraine de donner plus librement carrière à ses sentiments hostiles, et la France prit possession des deux duchés, après avoir emporté Lamothe et Bitche, les deux seules forteresses importantes qui ne fussent pas encore en son pouvoir. Ce droit de la conquête fut corroboré par la consécration juridique des lois féodales. Le Parlement prononça, par arrêt solennel du 5 septembre 1634, la confiscation de la Lorraine et du Barrois au profit du roi, pour cause du « rapt avec violence », exercé sur la personne de son bien-aimé frère, dont le mariage devait être annulé en même temps.

Le jour même où le Parlement confisquait ainsi ses États, Charles IV, qui se montra toujours aussi habile capitaine que mauvais souverain, et qui venait d'être placé à la tête de la *ligue catholique allemande*, inaugurait sa nouvelle carrière par l'éclatante victoire de Nordlingen, remportée sur les Suédois, les 5 et 6 septembre 1634. Dès lors, les choses changèrent de face en Allemagne. Charles IV, si malheureux dans ses États, semblait avoir apporté la fortune avec lui. De nouveaux succès signalèrent la fin de la campagne et le commencement de l'année suivante. La détresse régnait au camp des Suédois et des protestants allemands. Leur cause était perdue sans

**Bataille de Nordlingen.**

ressource, si la France qui, jusqu'alors, avait pris à
la lutte une part active mais non déclarée, ne fût
descendue elle-même en armes sur le théâtre de la
guerre.

Serré de près par les troupes françaises expédiées
sur le Rhin, Charles IV les tourne hardiment, rentre
en Lorraine et reprend Remiremont, Fontenoy, Rambervillers. Depuis la bataille de Nordlingen et les
succès qui l'avaient suivie, un frémissement de patriotisme et d'espérance agitait la Lorraine. Partout,
seigneurs et paysans s'étaient organisés en partisans,
harcelant les détachements français, chassant ou
massacrant les petites garnisons laissées dans les
châteaux[1].

Le prince de Condé, impitoyable instrument des
rigueurs commandées par Richelieu[2], avait ralenti
le mouvement, mais sans pouvoir l'étouffer entièrement. Tout le pays se ralliait avec ardeur à son sou-

---

1. Étain, Sancy, Briey, Conflans, etc., et plusieurs autres villes se sou-
levèrent contre l'occupation française. La garnison de Thionville, compo-
sée d'Espagnols, se joignit à cette insurrection, mais ce fut pour rançonner
tout ce qui était Français ou qui passait pour l'être.

2. Pour se conformer à ses instructions, le prince de Condé, père du
grand Condé, nommé gouverneur de la Lorraine, rendit le 10 mai 1635 une
ordonnance dont le caractère odieux devance une des mesures les plus
cruelles et les plus justement blâmées de la Révolution. Non seulement il
était fait défense de se livrer à tout acte de rébellion ou de désobéissance
envers Sa Majesté, ce qui était conforme au droit de la guerre, mais il était
« prescrit aux pères, mères, oncles, parents et tuteurs ayant des enfants
« ou parents dans les armées ennemies et près personnes qui conspirent
« contre l'État et avec le duc Charles, de les rappeler dans la quinzaine et
« leur faire prêter nouveaux serments de fidélité devant les baillis et juges
« royaux, à peine de confiscation de leurs personnes et biens, et rasements
« de leurs châteaux et maisons. » (Gazette de France, 1635.)

verain, et ne voulait reconnaître d'autre juridiction
que celle de la cour ambulante que Charles IV menait partout à sa suite. Le marquis de Lenoncourt,
bailli de Saint-Mihiel, « voyant, dit un chroniqueur
« du temps, comme toute la Lorraine se trémous-
« sait pour le duc Charles », pénétra dans les terres
de son ancien bailliage à la tête de mille à douze
cents hommes et s'empara de Saint-Mihiel, de concert avec les habitants de la ville ; au même moment
Charles IV entrait à Dieuze. Partout où il passait
les châteaux s'ouvraient devant lui. La Lorraine
semblait à la veille de reconquérir son indépendance
et de se soustraire à la domination française, lorsque
Louis XIII accourut en toute hâte devant Saint-
Mihiel et força la ville à capituler. Cédant à la colère ou au besoin d'effrayer les esprits par un châti-
ment terrible, le roi de France, au mépris des termes
de la capitulation, envoya les chefs de la garnison à
la Bastille et les soldats aux galères.

1636.
Dès le printemps de l'année suivante, et après
avoir fait raser les forteresses de Nancy, Pont-à-
Mousson, Saint-Mihiel, Remiremont, Mirecourt, etc.,
Richelieu ordonna la démolition de tous les châteaux
forts disséminés dans le pays : Bouconville, Frouard,
l'Avant-Garde, La Chaussée, Gondrecourt, Louppy,
Mandres-aux-Quatre-Tours, Pierrefort, Trognon (au-
jourd'hui Heudicourt), Viviers, Nomeny, Étain,
Conflans, etc., etc., « faisant ainsi une espèce de

« désert du pays le plus beau et le plus peuplé de
« l'Europe[1] ». Cette époque est la plus triste et la
plus lamentable de notre histoire. Outre la douleur
de se voir arrachés à leur nationalité, nos ancêtres
subissaient toutes les horreurs de la peste et de la
famine, et tous les maux d'une occupation ennemie
se renouvelant et se succédant sans cesse.

« Commencée en 1630, la peste ne cessa que sept
« années plus tard, après avoir anéanti presque toute
« la population. » Il mourait vingt-cinq à trente personnes par jour à Nancy, et cependant la ville alors
était en partie dépeuplée ; des villages entiers per-
dirent leurs habitants ; les campagnes étaient deve-
nues tellement désertes, que les loups se réfugiaient
dans les maisons, enlevaient les enfants, dévoraient
les personnes isolées, et disputaient aux malheureux
affamés les restes de cadavres d'animaux et les racines dont ils se nourrissaient. Les terres demeurèrent sans culture, et les campagnes sans habitants.
Les glands et les racines devinrent la nourriture
ordinaire, et à son défaut, l'on vit plusieurs femmes
réduites à la dure nécessité de manger leurs propres
enfants, s'entredisant : Aujourd'hui je mangerai ma
part du tien, et demain tu auras aussi la part du
mien[2]. « Une grande partie des Lorrains mourut de

---

1. Baoix, II, p. 193.
2. *Deplorandi Lotharingiæ Status* et *Mémoires du marquis de Beaurau.*

faim; celle qui resta ne trouvant plus d'herbes pour se nourrir, mangea tout ce qu'il y avait de plus sale et de plus dégoûtant, comme les charognes des chiens, des chevaux et des chats, qui souvent étaient pourris et exhalaient une odeur insupportable. Il y en eut même plusieurs qui, pour soutenir leur misérable vie, ne trouvant rien de mieux, mangèrent les cadavres des hommes qui avaient été tués ou qui étaient morts de faim. Il y en avait aussi qui allaient à la chasse des hommes comme l'on va à la chasse des lièvres. Ils tendaient des embûches pour les attraper et pour les manger ensuite. D'autres ouvraient la terre où l'on avait tout récemment enterré les corps de leurs pères, mères et autres parents, les en tiraient et les mangeaient. On trouva auprès de Metz trois têtes d'enfants enterrées et dont on avait mangé les corps..... Enfin il y eut tant d'autres abominations que j'aurais honte de publier et que la postérité ne voudra jamais croire [1]. »

A ces maux déjà si cruels, les armées d'occupation ou de passage et les partisans lorrains eux-mêmes ajoutaient ceux que la guerre traîne avec elle.

Il y avait alors dans cette malheureuse province, dit le Père Abram, plus de cent cinquante mille soldats étrangers, français, allemands, suédois, croates, hongrois, sans compter les femmes, les valets, les vi-

---

1. Traduction manuscrite de l'*Histoire de l'Université et du Collège de Pont-à-Mousson*, du P. Abram.

vandières, qui étaient deux ou trois fois en plus grand nombre que les soldats, en sorte que tous ensemble allaient au nombre de quatre ou cinq cent mille[1]. Les impériaux formant un ramassis de Hongrois, de Polonais, de Croates, de Pandours, précurseurs des Baskirs et des Kalmouks de 1814, dont la mine farouche, les vêtements bizarres, les arcs, les flèches et les sabres recourbés ajoutaient encore à la terreur des populations, comptaient à eux seuls soixante-dix à quatre-vingt mille hommes. Ils arrivèrent dans les environs de Briey le 1er février 1636. On espérait que du moins ces alliés dans les rangs desquels combattait le duc de Lorraine, ne traiteraient pas le pays en ennemis, mais venant après les autres et ne trouvant plus rien à piller, ces forcenés se vengeaient de leur rapacité déçue en multipliant à plaisir les tortures, pour arracher aux populations ruinées l'or ou les provisions qu'elles n'avaient jamais possédés, ou dont on les avait déjà dépouillées.

Parmi tous ces étrangers qui opprimaient ainsi nos contrées, les uns parce qu'elles étaient à la France, les autres parce qu'elles étaient à la Lorraine, les Français se sont toujours montrés les moins cruels, malgré les ordres de Richelieu, qui aurait voulu amener par la rigueur des procédés le duc de

---

1. Extrait de l'*Hist. manuscrite* du P. Abram.

Lorraine à échanger ses États. Charles IV, sous ce rapport, sut bien rendre justice à la France et à son caractère. Rompant enfin avec l'empire et les Espagnols, il se rendit en personne à Paris pour se recommander lui-même à la bienveillance du roi. Sa confiance ne fut pas trompée : Louis XIII se montra encore une fois plein de courtoisie et de générosité envers lui : « Mon cousin, lui dit-il, tout le passé est « entièrement oublié; je ne pense plus qu'à vous « donner à l'avenir des marques de mon amitié. » Et, joignant l'effet aux paroles, il lui rendit ses deux duchés par le traité de Paris des 21 et 29 mars 1641, sans même rappeler l'abdication que l'état désespéré de ses affaires avait arrachée antérieurement au prince lorrain. Charles comblé en outre des caresses et des cadeaux de la cour, s'empressa de retourner dans ses États, où il fut reçu, malgré les maux sans nombre qu'il y avait attirés, avec une allégresse dont il est impossible de donner une idée, tant les populations lorraines étaient attachées à leurs princes et à leur nationalité. Arrivé à Bar, « et rentré en pleine « possession de sa liberté, non seulement il expédia « à Paris la ratification du traité, mais il adressa au « roi et au cardinal lui-même des lettres toutes « pleines des témoignages de sa reconnaissance[1] ».

Tout semblait donc indiquer que Charles IV, re-

alté de Paris.<br>9 mars 1641.

---

1. D'HAUSSONVILLE, II, p. 92.

venu enfin de ses imprudences et de ses déloyautés, et touché du malheur de ses peuples et de la bonté du roi, tiendrait ses engagements. La Lorraine, exténuée et comme anéantie sous le poids de ses maux, revenait à la vie et se rattachait à l'espérance. Vaine illusion ! Avant même de quitter Paris, le duc de Lorraine avait déjà protesté contre le traité qu'il était venu implorer et dont la générosité devait dépasser ses vœux, et, dès le 26 avril, il renouvelait à Épinal cette protestation par-devant notaires. Subjugué par un sentiment invincible, il reprit aussitôt ses hostilités contre la France, et grâce à cette coupable folie, cette paix, qui avait été accueillie avec tant de joie et tant d'espérances, s'évanouit si vite que le pays, tristement déçu, l'appela *la petite paix*.

La France, de son côté, reprit les armes, marcha de nouveau contre son incorrigible adversaire, et en quelques mois reconquit toute la Lorraine à l'exception de Dieuze et de Lamothe.

Richelieu et Louis XIII moururent, le premier, le 4 décembre 1642, et le second, le 14 mai suivant ; mais la mort de ces deux grands adversaires du prince lorrain ne pouvait modifier en rien une situation qui tenait non à eux, mais à lui, à sa conduite et à sa politique envers la France.

En 1646, après la prise de Longwy, la Lorraine tout entière était devenue une province française ; et si jamais le droit de la guerre pouvait légitimer une conquête, il faut reconnaître que ce serait dans ce cas-ci. Dans cette guerre de Trente ans, si fameuse par sa durée et ses conséquences sur le sort et les croyances religieuses de l'Allemagne, ainsi que sur l'équilibre de l'Europe, dans cette lutte formidable contre la maison d'Autriche, la France, qui combattait pour la liberté et pour les idées qui ont fait la civilisation moderne, rencontra constamment le duc de Lorraine au premier rang de ses ennemis les plus perfides et les plus acharnés, combattant pour le fanatisme et l'intolérance. Ni les revers, ni les malheurs de ses États, ni la générosité de la France à son égard, rien n'avait pu vaincre son inflexible et aveugle obstination. Ajoutons toutefois que ce n'est pas à cette conquête, quoiqu'elle se soit faite dans de semblables conditions, que la France doit la Lorraine. Cette réunion, bien que confirmée non seulement par la confiscation des duchés prononcée antérieurement par le Parlement de Paris, « pour cause « de félonie », contre leur souverain, mais encore par la cession qu'il en fit lui-même plus tard à Louis XIV, ne fut que passagère; et ce n'est pas sur un titre de ce genre que repose l'union de la Lorraine à la France. Et cependant cette conquête avait été reconnue par l'empire allemand lui-même. Il était, certes, naturel de s'attendre à une certaine résistance de sa part; on pouvait croire que l'empereur ne renoncerait pas facilement aux préten-

1648.

tions allemandes, et surtout qu'il n'abandonnerait jamais un allié qui, depuis vingt ans, se battait pour lui et pour les catholiques allemands et qui se voyait pour eux dépouillé de ses États. Il n'en fut rien. Pendant les longues négociations qui précédèrent le traité de Münster ou de Westphalie, ce célèbre traité qui mit enfin un terme à la guerre de Trente ans, et qui assurait l'indépendance politique et religieuse de l'Allemagne [1], la maison d'Autriche fit bien entendre quelques réclamations en faveur de l'infortuné Charles IV, qu'elle ne pouvait évidemment oublier sans déshonneur, et quelques autres petits princes allemands joignirent leur voix à la sienne; mais des droits de l'empire et de l'Allemagne sur une partie quelconque de la Lorraine, il n'en fut pas question; et les États allemands n'ayant pas tardé à abandonner le duc de Lorraine pour ne pas compromettre le rétablissement de la paix, « à propos d'un prince qui n'appartenait à l'empire que pour quelques fiefs sans importance [2] », l'empereur s'empressa de mettre son honneur à couvert derrière ce prétexte. pour l'abandonner à son tour. Et lorsque le traité fut signé [3], l'empereur et

Traité de Westphalie.

1. C'est ce traité, comme on le sait, qui consacra, au point de vue international, la réunion à la France des villes et évêchés de Metz, Toul et Verdun, dont elle était en possession depuis près d'un siècle.

2. D'Haussonville, II, p. 195.

3. Le traité de Westphalie, comprenant le traité d'Osnabrück, signé le 6 août 1648 entre l'empereur et la Suède, et celui de Münster, signé le 8 septembre suivant entre l'empereur et la France, fut publié le 21 octobre de la même année.

les États allemands ne rappelèrent plus « le diffé-
« rend lorrain » que pour le renvoyer soit à un
arbitrage ultérieur, soit au traité à signer avec la
France et l'Espagne, sans que dans aucun cas il
s'agisse d'intervenir autrement que « par bons offices
« pacifiques sans user des armes et des moyens de
« guerre. »

La France resta donc en possession des deux duchés de Lorraine et de Bar, qu'elle avait conquis au
prix des services les plus grands qu'une nation ait
jamais rendus au monde, et que nul, au moment de
la paix, n'avait songé à lui contester sérieusement.
Cependant elle les rendit tous deux à Charles IV,
la Lorraine par le traité des Pyrénées, du 7 novembre 1659, et le Barrois par le traité de Vincennes,
du 28 février 1661, à l'exception de Moyenvic,
Clermont, Stenay, Jametz, Sierck, Sarrebourg,
Phalsbourg, la partie de la prévôté de Marville en-
clavée dans la Lorraine, l'abbaye de Gorze, Conflans, etc., et à condition :

Que les fortifications de Nancy seraient rasées;

Que le duc jouirait du duché de Bar comme d'un
fief dépendant de la couronne de France;

Enfin qu'il perdrait ses droits de souveraineté sur
Mars-la-Tour, Marchéville, Harville, Labeuville, Mé-
zerai, etc., c'est-à-dire sur les villages situés le long
de la route allant des frontières de France à Phalsbourg inclusivement, par Verdun et la côte de Delme.

ralté des
nées (1659).
Traité
Vincennes
(1661).

En vertu de ce traité, Charles IV rentra donc encore une fois en possession de ses deux duchés, et, chose doublement étrange, il trouva moyen de manquer à ce traité comme aux autres, et jugea à propos de recéder ses États à la France, par un traité signé à Montmartre le 6 février 1662, moyennant 700,000 livres de rente viagère, 300,000 livres de rente réversibles en faveur de qui bon lui semblerait, le paiement de ses dettes et de celles de ses devanciers, etc. Mais ce traité, inspiré à Charles IV par un vif sentiment de jalousie contre son neveu Charles de Lorraine, fils de l'ancien cardinal François [1], souleva dans toute la Lorraine, même en France, mais surtout dans le cœur du jeune héritier présomptif de Charles IV, tant d'indignation que le duc, qui ne savait pas respecter même les traités les plus avantageux pour lui, le révoqua peu de temps après, et obtint de Louis XIV d'y renoncer lui-même.

Mais à peine de retour dans ses États, le duc de Lorraine, fidèle aux habitudes de sa vie entière, montra dans l'exécution des anciens traités une lenteur, un mauvais vouloir, qui força la France à recourir de nouveau aux moyens de rigueur à son égard; Louis XIV, qui avait bien voulu renoncer aux duchés de Lorraine et de Bar pour complaire à

Traité
de Montmartre
(1662).

---

1. Le cardinal Nicolas-François n'étant pas dans les ordres quoique cardinal, avait épousé secrètement, après l'abdication de son frère en sa faveur, et après s'être donné à lui-même les dispenses nécessaires, sa cousine Claude, sœur de la duchesse Nicole.

Charles IV, mais qui ne l'avait pas fait sans regret, s'empressa de profiter du prétexte plausible qu'il lui offrait lui-même, pour reprendre possession de ces deux duchés, dans lesquels il envoya le maréchal de Créquy, à la tête de 25,000 hommes.

En présence de cette nouvelle invasion, Charles IV ne resta pas inactif; mais nous ne le suivrons pas plus longtemps dans son éternelle lutte contre la France, au bout de laquelle, et comme pour couronner dignement une existence entièrement vouée à cette lutte, il eut encore la gloire de contribuer puissamment à la victoire de Konsaarbrück, remportée sur le maréchal de Créquy, le 11 août 1675.

Nous ne le suivrons pas non plus dans cette épopée d'aventures galantes qu'il associait à sa ruine avec une insouciance et une bonne grâce qui semblaient braver l'infortune, mais qui compromettaient la dignité de son âge, et qui achèvent de donner à sa vie, déjà si accidentée, une physionomie véritablement romanesque. Charles IV mourut à Birkenfeld, d'une attaque d'apoplexie, le 18 septembre 1675, allant enfin demander à la tombe le repos que la mort seule pouvait lui donner. On lui a reproché d'avoir été cause, par ses fautes, de la perte de la nationalité lorraine, et l'on ne peut méconnaître qu'il y contribua en effet, mais ce qu'on doit lui reprocher surtout, c'est moins d'avoir répudié les traditions politiques et les anciennes alliances de sa famille, en s'unissant à l'Autriche contre la France, que de s'être obstiné dans une hostilité sans excuse dès que la ruine de ses États devait en être évidemment et inévitablement la conséquence; d'y avoir déployé une duplicité, une mauvaise foi, qui devait ternir sa mémoire et le conduire honteusement à sa perte, en enlevant à ses malheurs une part de cet intérêt qui s'attache toujours au plus faible aux prises avec le plus fort. Cependant ce serait exagérer sa responsabilité devant l'histoire que de lui attribuer la réunion de la Lorraine à la France; il a tout fait pour cela, c'est vrai, mais cette réunion ne s'accomplit définitivement que longtemps après lui, et elle tient à des causes supérieures aux torts personnels et à la mauvaise foi du prince lorrain.

---

### Réunion de la Lorraine et du Barrois à la France (suite).

3ᵉ Période. — Les deux duchés de Lorraine et de Bar rendus par la France à la maison de Lorraine. Traités de Nimègue (1678); de Ryswick (1697).

Charles IV eut pour successeur son neveu Charles V, né à Vienne le 3 avril 1643, fils du cardinal Nicolas François et de Claude de Lorraine. Élevé à la cour de France, où il faillit plu-

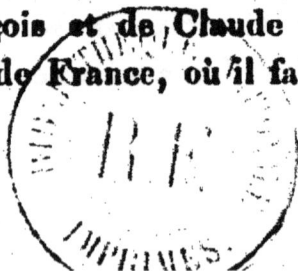

sieurs fois se marier, il quitta Paris lorsqu'il vit son oncle le déshériter par le traité de Montmartre, et se rendit en Allemagne, où il reçut un régiment à la tête duquel il fit ses premières armes contre la France.

Traité
de Nimègue
(1678).

A la paix de Nimègue, en 1678, Louis XIV s'offrit à lui rendre ses États, « en lui donnant Toul et « une prévôté dans les Trois-Évêchés, en échange « de Nancy et de Longwy, et à condition que le roi « posséderait en toute souveraineté et avec leurs « villages, quatre chemins d'une demi-lieue de lar- « geur à travers la Lorraine. » Charles V préféra renoncer au patrimoine de ses pères plutôt que de le reprendre amoindri, et se vengea noblement de la rigueur des rois et du sort, en sauvant sous les murs de Vienne, en 1683, l'Europe et la chrétienté menacées par les Turcs.

Traité
de Ryswick
(1697).

Mais le traité de Ryswick, du 20 septembre 1697, qui mit fin à la guerre du Palatinat, et qui reconnut à la France la souveraineté sur Strasbourg et sur les villes impériales d'Alsace, rendit à Léopold l'héritage de sa famille, réduit, il est vrai, à un état d'inénarrable misère par les exactions des collecteurs royaux et les violences d'une soldatesque sans frein, abandonnée à elle-même dans les derniers temps d'une occupation dont on voyait approcher le terme. Quoi qu'il en soit, la France, après vingt-sept ans d'occupation, renonçait encore une fois à la Lorraine, à l'exception de Marsal, de Sarrelouis et de Longwy, et sous la réserve d'un droit de passage pour ses armées. Léopold s'empressa d'aller à Paris rendre hommage au roi pour le Barrois; cette cérémonie eut lieu dans la forme accoutumée le 27 novembre 1699.

Peu de temps après, des négociations s'ouvrirent entre la France, l'Angleterre et la Hollande, relativement au partage de la future succession de l'Espagne; et déjà la Lorraine fut alors désignée comme devant être cédée à la France en échange du Milanais. Léopold qui, malgré le traité qui lui rendait ses États, et malgré le vif attachement que lui montrait son peuple, prévoyait bien que l'indépendance lorraine ne pouvait plus se maintenir longtemps, avait signé le traité d'échange le 16 juin 1700. Ce ne fut pas sans un sentiment pénible toutefois, qu'il avait consenti à renoncer à l'antique patrimoine de sa maison, à son beau duché de Lorraine, mais la noblesse et le clergé, qui avaient tout intérêt à passer au service d'une grande nation, et qui avaient déjà noué des relations avec la France, s'étant montrés opposés à toute idée de résistance, il s'était décidé à ratifier une combinaison qui avait, du reste, pour lui l'avantage d'agrandir son domaine, mais qui fut emportée par les événements avant d'avoir reçu un commencement d'exécution.

Léopold, qui tenait à l'Allemagne par ses souvenirs de jeunesse et par sa mère, l'archiduchesse Éléonore, avait voulu se rattacher à la France en épousant la princesse Charlotte, fille de Philippe d'Orléans, frère du roi, espérant par là pouvoir se maintenir en paix avec les deux cours. Mais la guerre ayant éclaté de nouveau à propos de la succession d'Espagne, Louis XIV, voyant que l'empereur ne respectait pas la neutralité lorraine, la viola lui-même, et se fit livrer par Léopold Nancy et plusieurs autres places sur la frontière allemande. Cette nouvelle occupation française, pendant laquelle le duc de Lorraine s'était retiré à Lunéville, dura treize ans, c'est-à-dire jusqu'au traité de Rastadt, qui termina la guerre et qui fut signé le 6 mars 1714.

*Traité de Rastadt (1714).*

La France et la Lorraine s'occupèrent alors à régler les différends qui depuis près d'un siècle existaient entre elles sur divers points de frontières et de territoires. Des conférences furent ouvertes à cet effet dans la ville de Metz. « Interrompues à la mort du roi, elles furent reprises ensuite et continuées à Paris jusqu'en 1718, époque à laquelle un traité, signé le 21 janvier, restitua à la Lorraine Saint-Hippolyte et la prévôté de Longwy, excepté la ville, en échange de laquelle la France lui céda Rambervillers et ses dépendances. On y ajouta une indemnité de 1,800,000 livres pour compenser la détention de ces fiefs depuis la paix de Ryswick, ainsi que la souveraineté du marquisat de Nomeny, des seigneuries de Hombourg et de Saint-Avold, et plusieurs autres avantages que le régent ne put refuser à un prince dont il admirait la prudence et la sagacité [1].

Malgré ces avantages, Léopold ne se faisait aucune illusion sur le sort qui attendait la Lorraine. Il comprenait très bien qu'entraînée vers la France par une communauté d'origine, de langue, de mœurs et de religion, et par de longues occupations plusieurs fois répétées, elle retomberait un jour du côté où elle penchait. Il avait compris que c'était là un de ces événements devenus inévitables, que les hommes peuvent hâter mais non empêcher, et qu'une politique intelligente sait prévoir et faire tourner à son profit. Aussi, mit-il tous ses soins à procurer ailleurs une autre souveraineté à son héritier. Et cependant rien n'indiquait quand et comment les destinées de la Lorraine s'accompliraient; mais lorsque l'heure d'un événement historique est venue, il se produit comme de lui-même, et au milieu de circonstances souvent qui lui paraissent étrangères. C'est ainsi que la réunion de la Lorraine à la France, qui avait fait inutilement jusqu'alors l'objet de tant de luttes et de tant de traités, a été définitivement et pacifiquement réalisée dans des con-

---

1. Ba耳, *Hist. des ducs de Lorraine et de Bar*, II, p. 2..

ditions et à propos d'une question où personne ne songeait guère, tout d'abord, à la rencontrer.

---

## Réunion de la Lorraine et du Barrois à la France
### (suite et fin).

3ᵉ Période. — Cession des deux duchés à la France par la voie des traités. Pragmatique de Charles VI. Succession de Pologne. Traité de Vienne (1735). Mort de Stanislas, réunion des deux duchés à la France (1766).

L'empereur Charles VI, depuis la mort de son fils, n'avait plus eu d'autre pensée que celle de transmettre tous ses États, sans division ni démembrement, à sa fille unique, l'archiduchesse Marie-Thérèse. Dans ce but, il publia une loi organique de sa maison, connue sous le nom de *pragmatique sanction*, du 19 avril 1713. Il était facile de déposer ainsi sa volonté dans un acte solennel, et même d'obtenir le consentement de ses propres États et de la plupart des cours étrangères; mais il fallait s'attendre à une résistance sérieuse de la part des électeurs de Saxe et de Bavière, qui avaient épousé les filles de Joseph Iᵉʳ, frère de Charles VI, et de la part de la France, dont toute la politique extérieure consistait à combattre et à amoindrir la maison d'Autriche. Et en effet, ces trois cours protestèrent immédiatement contre les dispositions de l'empereur, en attendant que le moment fût venu de s'opposer à leur exécution par la force des armes.

Mais dans l'intervalle, s'ouvrit l'élection au trône de Pologne par la mort d'Auguste II, le 1ᵉʳ février 1733. L'électeur de Saxe, son fils, s'étant mis sur les rangs pour lui succéder, l'empereur profita avec empressement de cette occasion pour gagner l'électeur à ses projets, en lui promettant son propre appui. Cet arrangement ne pouvait, d'un autre côté, qu'indisposer encore davantage la France, qui avait aussi son prétendant au trône de Pologne, Stanislas Leckzinski, beau-père du roi, qui avait déjà occupé ce trône. Charles VI ne l'ignorait pas; mais pour atteindre son but, auquel il consacra les dernières années de sa vie, il était prêt à tout braver, même la guerre avec la France.

La guerre fut déclarée, et la France, victorieuse sur tous les champs de bataille, en Italie comme sur le Rhin. Obligé de demander la paix, Charles VI ne pouvait songer à imposer ses projets et ses volontés à la France; c'était à lui à les subir. Il imagina alors d'offrir à la France pour Stanislas, non le trône de Pologne pour lequel on s'était battu, mais celui de Lorraine, qui ne lui appartenait pas; se faisant fort d'obtenir le consentement du souverain de ce duché au moyen d'un échange.

En conséquence, les préliminaires de la paix furent signées à Vienne le 3 octobre 1735, portant :

1° Que Stanislas conserverait le titre de roi, abdiquerait la couronne de Pologne en faveur d'Auguste III (l'électeur de Saxe), et qu'en retour de ce sacrifice, les duchés de Lorraine et de Bar lui seraient cédés à titre de souveraineté, pour être réunis à sa mort à la couronne de France.

2° Qu'en échange, les puissances contractantes garantiraient au duc de Lorraine et à sa maison la succession du grand-duché de Toscane, dès que Jean Gaston le Médicis, prince régnant, viendrait à mourir.

3° Qu'en attendant, la France lui payerait une pension de quatre millions cinq cent mille livres par an.

4° Que la France rendrait toutes les nouvelles conquêtes qu'elle venait de faire, et qu'elle reconnaîtrait la *pragmatique sanction* de Charles VI.

Ainsi, la France souverainement maîtresse de la situation, victorieuse et libre, si elle l'eût voulu, de dicter les conditions de la paix, accepta celles qui convenaient à l'empereur et que l'empereur lui proposa : Marie-Thérèse reconnue pour sa seule et unique héritière, et l'électeur de Saxe, son allié et son candidat, élevé au trône de Pologne; et s'il cède la Lorraine à la France en échange, c'est au prix des restitutions les plus importantes et d'une somme considérable. Le duc de Lorraine fut peut-être sacrifié, mais assurément ce ne fut pas par la France.

L'empereur avait disposé de la Lorraine dans l'intérêt de ses plans les plus chers, mais le duc François III avait une véritable répugnance à accepter l'échange qu'on lui demandait, et à renoncer à une souveraineté qui était depuis près de sept siècles le patrimoine de sa maison. Pour l'y décider, Charles VI lui donna sa fille Marie-Thérèse en mariage, le 12 février 1736[1], ce qui devait lui assurer un jour la couronne d'Autriche, et en outre, suivant toute apparence, la couronne impériale; cette seconde perspective se réalisa comme la première. Le grand-duc de Toscane étant venu à mourir peu de temps après, le duc de Lorraine, s'arrachant enfin à ses propres hésitations et aux marques d'affection et de regrets de ses fidèles sujets, alla prendre possession de ses nouveaux États, recueillit ceux de la maison d'Autriche en 1740, à la mort de son beau-père, et fut élu empereur d'Allemagne en 1745, à la mort de l'électeur de Bavière, qui lui avait disputé la couronne impériale cinq ans auparavant, et l'avait emporté sur lui.

---

1. Il eut seize enfants, dont l'empereur Joseph II et Marie-Antoinette.

Stanislas, de son côté, vint prendre possession du Barrois, le 8 février 1737, et de la Lorraine le 21 mai suivant, et les gouverna paternellement sous le titre de roi, et avec les honneurs royaux qui lui avaient été réservés, mais sous la direction politique du cabinet de Versailles. On sait que le feu prit à ses vêtements, et qu'il mourut à la suite de cet accident le 23 février 1766, à l'âge de quatre-vingt-huit ans. Dès le lendemain, M. de la Galaizière, muni de pleins pouvoirs envoyés à l'avance, prenait définitivement possession des deux duchés au nom de Louis XV.

Ainsi se trouva enfin consommée cette réunion de la Lorraine à la France, que les Lorrains avaient longtemps et vaillamment repoussée, il est vrai, mais dont ils ont célébré le centième anniversaire, il y a quelques années, par des fêtes et un patriotisme français, qui montraient assez combien ils s'étaient profondément et tout naturellement ralliés à leur première patrie. Sans doute, cette réunion avait été préparée par la conquête, mais elle fut, en définitive, le résultat de combinaisons politiques, il faut bien le répéter, puisqu'elle a été l'objet de revendications inattendues; l'œuvre à la fois de l'intérêt allemand et de la convention la plus légitime. Ce ne fut ni Richelieu, ni Louis XIII, ni Mazarin, ni Louis XIV qui en eurent l'honneur, malgré tout ce qu'ils avaient fait pour la réaliser; ce fut le faible et indolent

Louis XV, qui ne s'en occupa jamais, et son ministre, non moins inepte que lui, le cardinal Fleury, qui aurait compromis cet événement s'il avait pu l'être. Qu'on ne dise donc pas que nous avons enlevé la Lorraine soit à elle-même, soit à l'Allemagne, à qui elle n'appartenait pas ; c'est l'empire qui nous l'a offerte, et qui nous l'a vendue à son profit, et sans préjudice pour la maison de Lorraine, qui est devenue la maison d'Autriche.

# APPENDICE

## PREMIÈRE PARTIE

ROYAUME DE LORRAINE. — ROIS DE FRANCE OU DE GERMANIE.

Lother II, roi de Lorraine, . . . . . . . . . 855 à 869
Charles le Chauve, son oncle, seul. . . . . . 869 870
Charles le Chauve et Louis le Germanique, son frère. . . . . . . . . . . . . . . . 870 872
Charles le Chauve et l'empereur Louis II, fils de Lother Ier . . . . . . . . . . . . 872 875
Charles le Chauve et Louis le Germanique, . . 875 876
Louis le Bègue et Louis de Saxe, dit le Jeune, fils de Louis le Germanique. . . . . . 877 879
Louis de Saxe, roi de Lorraine et de Germanie. 879 882
Revendication de Hugues, fils naturel de Lother II.
Charles le Gros, frère de Louis de Saxe et 3e fils de Louis le Germanique, empereur et roi de Lorraine. . . . . . . . . . . . . . 882
fin roi de France. . . . . . . . . 884
Déposé en . . . . . . . . 887
Arnolf ou Arnould, fils naturel de Karloman de Bavière, qui était fils aîné de Louis le Germanique . . . . . . . . . . 887 896
Zwentibold, fils naturel d'Arnolf. . . . . . 896 900
Louis IV, fils légitime d'Arnolf. . . . . . . 900 911

Ses bénéficiaires, gouvernant sous l'autorité des rois de France ou de Germanie.

Reguier au long Cou, comte de Hainaut, institué 1er duc bénéficiaire de Lorraine par le roi de France Charles le Simple. . . 912 à 916

Gisilbert, son fils, passe alternativement de la France à l'Allemagne et de l'Allemagne à la France. . . . . . . 916 939

Henri, fils de Gisilbert, sous la tutelle de Henri de Saxe, frère de l'empereur Othon . . 939 940

Le même, sous la tutelle d'Othon, fils de Ricoin, comte de Verdun . . . 940 944

Othon . . . . . . . . 944

Conrad de Franconie, gendre de l'empereur Othon. . . . . . 944 955

Brunon, archidiacre, frère de l'empereur Othon . 955 959

Charles le Simple, roi de France, fils de Louis le Bègue. 911 à 923

Henri de Saxe, dit l'Oiseleur. Charles le Simple, battu à Soissons par le comte Robert de France, offre la Lorraine à Henri l'Oiseleur pour l'attacher à sa cause. . 923 936

Louis d'Outre-Mer, fils de Charles le Simple. . . 936 939

Othon de Saxe, fils de Henri l'Oiseleur. . . . 939 973

# DEUXIÈME PARTIE

LA LORRAINE DIVISÉE EN HAUTE ET BASSE LORRAINE

## HAUTE LORRAINE.

*Ducs bénéficiaires, nommés à vie.*

Frédéric Ier, duc de
Bar. . . . . . . . . 959 à 984

Thierri Ier, son fils . . 984 1034

Frédéric II, fils du pré-
cédent . . . . . . 1034 1034
Gothelon, de basse Lorraine, duc des deux duchés de Lorraine. 1034 1043
Adalbert d'Alsace. . . 1043 1047

*Duc héréditaire.*

Gérard d'Alsace. . . . 1048 1070
(Voir le tableau suivant.)

## BASSE LORRAINE.

Brunon. . . . . . . . 959 à 965
Godefroid d'Ardenne . 965 977
Charles de France. . . 977 991
Othon, son fils. . . . 991 1005
Godefroid d'Eenham,
ou de Bouillon . . . 1005 1023
Gothelon, son frère. . 1023 1034
Godefroid le Hardi, fils
du précédent. . . . 1043 1048
Frédéric de Luxem-
bourg. . . . . . . 1048 1065
Godefroid le Hardi . . 1065
Godefroid de Bouillon. 1094

## TROISIÈME PARTIE

TABLEAU DES SOUVERAINS DE LA LORRAINE ET DU BARROIS.

*Souverains du Barrois.*

| | | |
|---|---|---|
| 1° Frédéric Iᵉʳ. . . . . . . . . . | 950 | à 984 |
| 2° Thierri Iᵉʳ . . . . . . . . . . | 984 vers 1031 |
| 3° Frédéric II . . . . . . . . . . | 1031 | à 1033 |

**Lorraine,**
*érigée en duché héréditaire.*

| | | |
|---|---|---|
| 1° Gérard d'Alsace . . . . . . . . | 1048 | à 1070 |
| 2° Thierry Iᵉʳ . . | 1070 | 1115 |
| 3° Simon Iᵉʳ . . . | 1115 | 1139 |
| 4° Mathieu Iᵉʳ . . | 1139 | 1176 |
| 5° Simon II . . . . | 1176 | 1207 |
| 6° Ferri Iᵉʳ. . . . | 1207 | 1213 |
| 7° Thiébaut Iᵉʳ. . . | 1213 | 1230 |
| 8° Mathieu II . . . | 1230 | 1251 |
| 9° Ferri II . . . . | 1251 | 1303 |
| 10° Thiébaut II . . | 1303 | 1312 |
| 11° Ferri III . . . | 1312 | 1328 |
| 12° Raoul . . . . . | 1328 | 1346 |
| 13° Jean Iᵉʳ . . . . | 1346 | 1390 |
| 14° Charles II . . . | 1390 | 1431 |

*(Maison d'Alsace)*

**Barrois.**

| | | |
|---|---|---|
| 4° Louis de Montbéliard, marié à Sophie de Bar, fille de Frédéric II . . . . | 1033 |
| 5° Thierry II . . . | | 1105 |
| 6° Thierry III . . . | | » |
| 7° Renaud Iᵉʳ . . . . | | 1149 |
| 8° Hugues Iᵉʳ . . . | 1149 | à 1155 |
| 9° Renaud II . . . | 1155 | » |
| 10° Henri Iᵉʳ . . . | | 1191 |
| 11° Thiébaut Iᵉʳ . . | 1191 | 1214 |
| 12° Henri II . . . . | 1214 | 1239 |
| 13° Thiébaut II . . | 1239 | 1293 |
| 14° Henri III . . . | 1293 | 1301 |
| 15° Édouard Iᵉʳ . . | 1301 | 1336 |
| 16° Henri IV . . . | 1336 | 1344 |
| 17° Édouard II . . | 1344 | 1351 |
| 18° Robert Iᵉʳ . . . | 1351 | 1411 |
| 19° Édouard III . . | 1411 | 1415 |
| 20° Le cardinal de Bar . . . . . . | 1415 | 1430 |

*(Maison de Montbéliard)*

**Lorraine et Barrois.**

| | | |
|---|---|---|
| 1° René d'Anjou . . . . . . | 1430 | 1431 à 1453 |
| 2° Jean II, de Calabre . . . . . . . | 1453 | 1470 |
| 3° Nicolas d'Anjou . . . . . . . . | 1470 | 1473 |
| 4° René II . . . . . . . . . . | 1473 | 1508 |
| 5° Antoine. . . . . . . . . . | 1508 | 1544 |
| 6° François Iᵉʳ . . . . . . | 1544 | 1545 |
| 4° Charles III . . . . . . . | 1545 | 1608 |
| 5° Henri. . . . . . . . . . | 1608 | 1624 |
| 6° François II . . . . . . . | 1624 | 1634 |
| 7° Charles IV . . . . . . . | 1634 | 1675 |
| 8° Charles V . . . . . . . | 1675 | 1690 |
| 9° Léopold . . . . . . . | 1690 | 1729 |
| 10° François III . . . . . . . | 1729 | 1737 |
| 11° Stanislas. . . . . . . | 1737 | 1766 |

*(Maison d'Anjou-Vaudemont)*
*(Maison de Lorraine-Vaudemont.)*

# TABLE

Pages.

Préface . . . . . . . . . . . . . . . . . . . . . . . . . . . . . V-VII

Chap. I. — Origine et formation du duché de Lorraine (843-1048).

  1<sup>re</sup> partie. — Royaume de Lorraine . . . . .   1

  2<sup>e</sup> partie. — La Lorraine gouvernée par des ducs bénéficiaires (911-959) . . . . . . .   15

  3<sup>e</sup> partie. — La Lorraine divisée en deux duchés: la haute et basse Lorraine ; le duché de haute Lorraine rendu héréditaire (959-1048). . . . . . . . . . . . . . . . .   26

Chap. II. — Origine et formation du comté de Bar (951). . . . . . . . . . . . . . . . .   38

Chap. III. — Le Barrois divisé en Barrois mouvant et Barrois non mouvant. Traité de Bruges (1301).   41

Chap. IV. — Le Barrois érigé en duché (1354). . .   49

Chap. V. — Réunion du Barrois à la Lorraine. Partage de la succession du duc Robert. René d'Anjou,

Pages.

adopté par le cardinal de Bar, prépare la réunion du Barrois à la Lorraine par son mariage avec Isabelle de Lorraine. Adolphe de Berg et Antoine de Vaudémont lui disputent, l'un le Barrois, et l'autre la Lorraine. Bataille de Bulgnéville (1399-1440). . . . . . . . . . . . . . . . . . . . . . . . . .    52

CHAP. VI. — Indépendance et souveraineté de la Lorraine. Traité de Nuremberg (1542). . . . . .    69

CHAP. VII. — Réunion de la Lorraine et du Barrois à la France (1618-1766). . . . . . . . . . . .

1re période. — Conquête des deux duchés par la France (1611-1663). . . . . . . . . . . . .    79

Guerre de Trente ans. Charles IV prend parti pour la maison d'Autriche et donne sa sœur en mariage au duc d'Orléans, frère de Louis XIII. Traité de Vic (1632). Première invasion française (1632). Traité de Liverdun (1632). Confiscation du Barrois (1633). Seconde invasion française (1633). Traité de Charmes (1633). La Lorraine conquise et occupée par la France. Confiscation de la Lorraine et du Barrois (1634). . . . . . .    79

Charles IV chef de la ligue catholique allemande. Bataille de Nordlingen (1634). . . . . . .    84

La France intervient directement dans la guerre de Trente ans. Les partisans lorrains. Invasion et dévastation de la Lorraine (1635-1636).    85

Traités de Paris (1641). De Westphalie (1648). Des Pyrénées (1659); De Vincennes (1661).

— 115 —

De Montmartre (1662). Troisième invasion
française. La France reprend possession de la
Lorraine et du Barrois (1663). Mort de Charles IV (1675) . . . . . . . . . . . . . . . . . 90-96

Réunion de la Lorraine et du Barrois à la
France (suite).

2° période. — Les deux duchés de Lorraine et
de Bar rendus par la France à la maison de
Lorraine (1678-1697). . . . . . . . . . . . 97

Traité de Nimègue (1678). De Ryswick (1697). 98

Réunion de la Lorraine et du Barrois à la
France (suite et fin).

3° période. — Cession des deux duchés à la
France, par la voie des traités (1735-1766) . 102

Pragmatique de Charles VI. Succession de Pologne. Traité de Vienne (1735). Mort de Stanislas. Réunion des deux duchés à la France
(1766) . . . . . . . . . . . . . . . . . . . . 102

APPENDICES, 1, 2, 3. . . . . . . . . . . . . . 109

TABLE . . . . . . . . . . . . . . . . . . . . 113

Nancy, imprimerie Berger-Levrault et Cie.

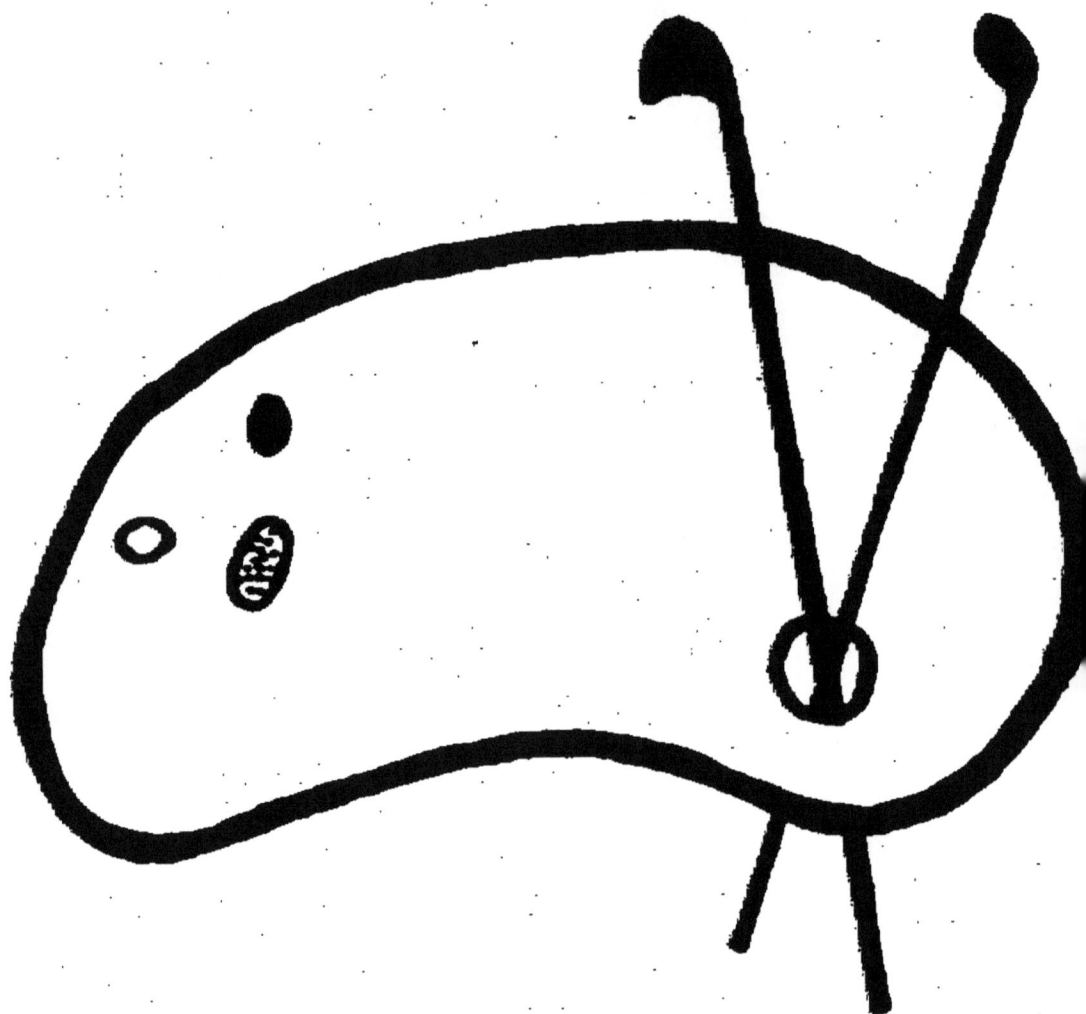

www.ingramcontent.com/pod-product-compliance
Lightning Source LLC
Chambersburg PA
CBHW051731090426
42738CB00010B/2210